変異する資本主義

The Capitalism That is Rapidly Mutating in The Hegemonic War.

中野剛志

ダイヤモンド社

序

「変異する資本主義」について論じようというのならば、そもそも、「資本主義」とは何かについて、あらかじめ明確にしておかなければなるまい。

かのジョセフ・アロイス・シュンペーターの定義によれば、資本主義とは、次の三つの特徴を有する産業社会のことである。

第一に、物理的生産手段の私有、第二に、私的利益と私的損失責任、そして第三に、民間銀行による決済手段（銀行手形あるいは預金）の創造、である。

このうち、第三の特徴（民間銀行による決済手段の創造）は、資本主義の定義の中でも特に重要とされている。第一と第二の特徴はあっても、第三の特徴が欠けているような社会は、「商業社会」ではあろうが、「資本主義」ではないとシュンペーターは言うのである。なるほど、「資本」をその内部から創造するシステムだから、「資本主義」というわけだ。

「資本主義」は、しばしば「社会主義」の対義語として用いられる。

では、「社会主義」とは何かと言えば、シュンペーターは、「生産過程の運営を何らかの公的機関に委ねる制度」という程度の定義しか与えていない。彼の言う「社会主義」には、より平等な社会構造であるかどうかとか、民主的か権威主義的かといった意味合いは込められていない。シュンペーターは、「社会主義」をあくまで経済分析のための概念として扱っているのであって、そこにイデオロギー的な価値観をもたせることを拒否しているのである。

また、シュンペーターは、「資本主義」や「社会主義」という概念を、いわゆる「理念型」と考えていることにも注意が必要である。

すなわち、現実の経済システムには、純粋な「資本主義」も、純粋な「社会主義」もない。現実の資本主義は、程度の差こそあれ、いずれも、公的な経済運営や公的な経済計画といったものを含んでいる。それゆえ、現実に存在する経済システムは、「資本主義」か「社会主義」か、ではなく、すべて、純粋な資本主義と純粋な社会主義の間のいずれかの状態にあるもの、とみなすべきである。

同じく重要な点は、シュンペーターが、資本主義というものを、特定の固定的な社会システムとしてではなく、経済が変化していく「過程」として捉えていることである。例えば、現実の資本主義の中には、封建社会の制度の一部が残存しているし、同時に、公的な経済管理という社会主義的な要素も含まれている。それというのも、資本主義が移り行く「過程」だからなのである。

本書では、このようなシュンペーターの理解に従って、議論を進めていこうと思う。すなわち、「資本主義」とは、物理的生産手段の私有、私的利益と私的損失責任、民間銀行による決済手段の創造という特徴を備えた産業社会である。他方、「社会主義」とは、生産過程の運営を何らかの公的機関に委ねる制度である。そして、現実の経済システムは、純粋な資本主義と純粋な社会主義の中間形態である。また、資本主義は、その本質からして、「過程」である。言い換えれば、資本主義は、不断に「変異」し続けるものなのである。

さて、今しがた、我々が参照したシュンペーターの議論というのは、1943年、すなわち第二次世界大戦中に発表された「戦後世界における資本主義」[1]という論文において展開されたものである。

この論文の主な目的は、世界大戦という総力戦が、社会の進化に大きな影響を及ぼす可能性に注意を促すことであった。シュンペーターは、総力戦がもたらした衝撃によって、戦後世界の資本主義は、戦前のそれとはまったく異なるものへと変異するであろうと予見したのであった。

もっとも、資本主義は、すでに戦前から変異しつつあった。その変異とは、大企業組織の出現である。大企業組織は、その巨大で合理的な経営管理機構によって優位に立ち、中堅・中小企業を市場から駆逐していった。

しかし、これまで資本主義を支えていたのは、こうした中堅・中小の自営業者達の自立的な精神である。彼らは、政府による経済介入に対しては、政治的に断固として抵抗してきた。

ところが、そうした中堅・中小の自営業者達を、資本主義の変異によって生み出された大企業組織が駆逐していくというのである。ということは、政府の経済管理に抵抗する勢力も失われるということである。言い換えれば、資本主義は、変異によって、自らの基盤を破壊する大企業組織を生み出し、そして自滅する方向へと向かうということだ。自滅の先にあるのは、社会主義である。

シュンペーターと言えば、イノベーションの理論家として、今日でも、ビジネス界では人気の経済学者である。しかし、そのシュンペーターが資本主義について抱いていたビジョンとは、いずれ自滅し、社会主義化する運命にあるというものだったのである。

その資本主義の自滅の兆候は、1933年にはすでに現れていた、とシュンペーターは考えていた。すなわち、世界恐慌期のアメリカにおいて、フランクリン・ルーズヴェルト政権が実施した、いわゆるニューディール政策である。

このニューディール政策によって、アメリカ政府は、公共投資をはじめとする政府の経済介入を著しく強化した。このような反資本主義的な政策が実現され得たのは、これに対する政治的な抵抗がさほどなかったからである。なぜなら、その抵抗勢力たる中堅・中小の自営業者達は、大企業組織の出現によって、すでに弱体化していたからだ。そして、第二次世界大戦の総力戦によって、政府による経済統制は徹底的に強化された。このことは、この資本主義の自滅傾向に拍車をかけることになるだろう。

戦後は、戦時中の軍事需要が消滅することで、深刻な不況が到来することが予想される。その戦後不況を克服するために、戦前の政策手法、すなわち公共投資によって政府が所得を生み出す政策が活用される。さらに、政府の財政出動を補完すべく、高率で累進的な税制が導入されるだろうが、それが民間の資本蓄積を困難にする。また、賃金、労働時間、労働規律といった問題は、民間ではなく、政治が決めるものとなる。そうなると、資本主義は、政府が所得を生み出す政策である積極財政を恒常的に実施しなければならなくなるだろう。

シュンペーターは言う。

「そのようなシステムは、なお資本主義と呼ばれるであろうことは疑いない。しかし、それは、人工装置によって生きながらえ、過去の成功を担保してきた機能のすべてが麻痺した、酸素吸入器付きの資本主義なのである。[2]」

酸素吸入器付きの資本主義！

新型コロナウイルスのパンデミックを経験したばかりの我々には、いかにも意味深長に響く言葉ではないか。

さて、本書の目的は、シュンペーターの学説それ自体を論じることにはない。しかし、資本主義とは経済変化の「過程」であり、時間とともに変異していくものだという彼の基本的理解を共有するものである。

また、本書は、現代の資本主義の変異を理解するために、経済学にとどまらず、政治学、社会学、あるいは国際関係論など、様々な社会科学を広範に動員し、学際的かつ多角的な議論を進めようとする。その点においても、シュンペーター的であると言えるかもしれない。

それでは本論に入る前に、以降の議論の流れを簡単に述べておこう。

第一章では、2021年に成立したアメリカのジョー・バイデン政権が打ち出した一連の経済政策の意義について検討する。

それは、過去40年にわたって支配的であった新自由主義から訣別しようとする画期的なものと評価されている。ちなみに、「新自由主義」とは、自由市場こそが経済厚生を高める最良の手段であるという信念に基づき、政府の経済介入を極力少なくすべきであるというイデオロギーのことである。

第二章では、近年、経済学者の間で行われている「長期停滞」を巡る論争について概説する。「長期停滞」とは、アメリカの著名な経済学者ローレンス・サマーズが提起した問題で、現代の先進国経済が低成長から抜けられなくなっているのではないかというのである。

この「長期停滞」の原因を巡っては、様々な議論が提出されているのであるが、我々は、この論争を追うことを通じて、主流派経済学がはらむ根本的な理論的欠陥を知ることとなる。

第三章は、主流派経済学の欠陥を克服した「ポスト・ケインズ派」の理論に基づき、長期停滞の真相に迫る。参考にするのは、ポスト・ケインズ派の経済学者の一人であるエクハルト・ハイン、そして彼が依拠するジョセフ・シュタインドルやミハウ・カレツキの理論である。その結果、長期停滞の根本原因が、「金融化」（金融部門の支配力が肥大化する現象）にあり、その金融化をもたらしたのは新自由主義であることが明らかとなる。

しかし、第一章で論じるように、バイデン政権は、この新自由主義からの脱却を試みようとしているのである。

なぜ、今、バイデン政権は、新自由主義を超克しようとしているのか。第四章は、その答えを探る。そして、バイデン政権の政策転換の背景には、新型コロナウイルスのパンデミック、そして中国の台頭という地政学的な変化があったことが明らかにされる。

第五章は、その地政学的な変化の様相が分析される。ここで動員されるのは、国際政治学のリアリズムの理論である。リアリズムによれば、現在、我々が目の当たりにしている地政学的な環境の変化とは、アメリカと中国の間の東アジアの覇権を巡る抗争である。

第六章では、その米中の地政学的抗争を理解するため、現代の戦争の意味について議論する。そして、現代の戦争とは、軍事と非軍事の境界線を曖昧にした「ハイブリッド戦」であり、特に中国がこのハイブリッド戦を得意とし、経済をも戦略手段として行使しているという分析が示される。

その上で、中国が仕掛けるハイブリッド戦が、アメリカそして日本にどのような意味をもつのかについて、検討される。

最終章では、以上の議論を踏まえ、資本主義が、米中対立という地政学的な環境変化を受けて、どのように変異していくのか、その予想が示される。

それは、社会主義へ向かって変異するだろうという予想である。その変異の経路については、シュンペーターの予想とは異なる。しかし、結末においては、彼と一致するのである。

中野剛志

変異する資本主義◉目次

第二章 「長期停滞」論争

第三章 自滅する「資本主義」

第四章

21世紀の富国強兵

145

第五章　覇権戦争

第六章 ハイブリッド軍国主義

最終章　来るべき世界

［装丁・DTP］奥定泰之
［校　正］鷗来堂
［写真提供］アフロ
［編集担当］田中 泰

第一章

静かなる革命

バイデン政権の画期的な「経済政策」

2021年、アメリカそして世界を混乱に陥れた**ドナルド・トランプ**大統領がついに退場し、民主党の**ジョー・バイデン**がアメリカの大統領に就任した。

当初、この新大統領に期待する声は、決して多くはなかった。2020年の大統領選では、アメリカ社会の深刻な分断が明らかとなり、新大統領に課せられた任は極めて重いものだったが、その重責を担うには、バイデンはあまりに高齢であった。しかも、バイデンは民主党の中道派であったが、選挙の結果、左派が躍進し、中道派と左派の対立も予想された。

また、バイデンは、副大統領を務めた**バラク・オバマ**政権時のスタッフの多くを再び登用したことから、オバマ政権時の路線を引き継ぐようにも見えた。こうしたことを考慮するなら、バイデン政権が大きな変革に挑むだろうとは予想しにくかったであろう。

ロイター - アフロ

ドナルド・トランプ
Donald John Trump（1946〜）。アメリカ合衆国第45代大統領（2017年1月20日〜2021年1月20日）。2016年大統領選挙に共和党から出馬。「アメリカ第一主義」などを唱え、民主党のヒラリー・クリントン候補を破って当選。「ポピュリスト」「保護主義者」と表現されることが多かった。

AP-アフロ

ジョー・バイデン

ところが、大方の予想に反し、バイデン政権は、成立直後から、画期的な経済政策を打ち出していったのである。

まず、その第一弾となったのは、「米国救済計画（American Rescue Plan）」と称する1・9兆ドル（約200兆円）もの大型追加経済対策であった。2021年3月11日に成立したこの「米国救済計画」は、新型コロナウイルス対策であり、ワクチンの普及などの医療対策に加えて、一人最大1400ドル（約15万円）の現金給付（年収8万ドル以上の高所得者を除く）や、失業給付の特例加算、そして3000億ドルの地方政府支援などから構成されていた。

注目すべきは、その予算規模である。

この「米国救済計画」の1・9兆ドルに、トランプ政権下の20年3～12月において発動された経済対策を合わせると、その規模は5・8兆ドル程度（名目GDP比で約28％）となる。

これは、通常の年間歳出（19会計年度は4・4兆ドル）を上回るものであり、リーマン・ショック時の経済対策（08～09年で1・5兆ドル程度）をは

Joseph Robinette Biden, Jr.（1942～）。アメリカ合衆国第46代大統領（2021年1月20日～）。連邦上院議員、オバマ政権下の副大統領などを歴任。2020年、民主党から大統領選に3度目の出馬をし、トランプを破って大統領に就任。78歳での就任は歴代最高齢。

Best Image-アフロ

バラク・オバマ

Barack Hussein Obama II（1961～）。ハワイ州ホノルル生まれ。アメリカ合衆国第44代大統領（2009年1月20日～2017年1月20日）。2008年大統領選に出馬し、共和党のジョン・マケイン候補を破って当選。初の有色人種の大統領。医療保険制度改革（オバマケア）などの法律を成立させたほか、ビンラディン殺害などの軍事作戦を指揮。

るかにしのぐ空前の財政出動であった。だが、世論調査によると、アメリカ国民の7割が1・9兆ドルの追加経済対策を支持し、その規模についても「適正」が41％、「少なすぎる」が25％であった。[3]

続けて、バイデン大統領は、同年3月31日に、第二弾の経済対策を発表した。

それは、インフラ投資、研究開発投資、製造業の支援などに8年間で約2兆ドルを投じる「米国雇用計画（American Jobs Plan）」に加えて、法人税の増税（連邦法人税率を21％から28％へ引き上げ）や多国籍企業への課税の強化（多国籍企業の海外収益への課税を2倍（21％）に引き上げ）など、格差是正を念頭に置いた税制改正も計画するものであった。

さらに、4月28日には、「米国家族計画（American Families Plan）」が発表された。これは、中低所得層の保育負担の軽減（2250億ドル）、介護など包括的な有給休暇制度の確立（2250億ドル）、幼児教育の機会拡充（2000億ドル）、コミュニティーカレッジの無償化（1090億ドル）といった財政支援や、子どもがいる世帯の税額控除の期限の延長など、人的資本の形成を目的としたものであった。

また、格差是正を目的に、連邦個人所得税の最高税率を37％から39・6％に上げると同時に、年収100万ドル超の富裕層の株式などの譲渡益（キャピタルゲイン）にもこの最高税率を適用するとした。

「新しいパラダイム」の出現

これらの大型経済対策に対しては、当然のことながら、批判の声も上がった。

というのも、従来であれば、このような大規模な財政出動による財政赤字の拡大は、インフレを招いたり、金利の高騰を引き起こしたりするといった弊害をもたらすという理由で、忌避されてきた政策であったからだ。

また、富裕層や企業に対する増税を含む「米国雇用計画」や「米国家族計画」に対しては、当然、富裕層やウォール街の金融階級は不満を抱いたであろうし、「大きな政府」への傾斜を嫌う野党の共和党からも批判の声が上がった。

実際、「米国雇用計画」のインフラ投資計画については、6月24日のバイデン大統領と超党派グループとの合意によって、5年間で9730億ドル、8年間で1兆2090億ドルという規模に縮小された。また、「米国雇用計画」に含まれていた法人税率の引き上げも見送られた。

とは言え、リベラル派の経済学者・有識者の間では、「米国救済計画」や当初の「米国雇用計画」といった大型経済対策について、画期的なものとして高く評価する声が少なくなかった。

例えば、経済学者でコラムニストの**ノア・スミス**は、新しい経済政策のパラダイムが現れてきたと感じている。それは、1933年に**フランクリン・ルーズヴェルト**大統領が就任してニューディール政策を開始した時や、1981年に**ロナルド・レーガン**大統領が登場して、「小さな政府」、緊縮財政、規制緩和、自由化、福祉削減、減税、金融引き締め、グローバル化といった、いわゆる「新自由主義」的な政策を推進し始めた時のようなものだとスミスは言う。[4]

ノア・スミス
経済学者でブルームバーグ・オピニオンのコラムニスト。ニューヨーク州立大学ストーニーブルック校の准教授。Noahpinion (https://noahpinion.substack.com) というブログも書いている。

AP-アフロ

フランクリン・ルーズヴェルト
Franklin Delano Roosevelt（1882〜1945）。第32代アメリカ合衆国大統領（1933年3月4日〜

「新自由主義」とは、自由市場こそが経済厚生を高める最良の手段であるという信念に基づき、積極財政、経済活動の規制、累進課税、福祉政策といった政府の経済介入を極力少なくすべきであるというイデオロギーである。

「新自由主義」の終焉

ノア・スミスの主張を理解するために、経済政策に関するイデオロギーの歴史を、（ごく教科書的な理解ではあるが）振り返っておこう。

18世紀後半に**アダム・スミス**が『国富論』を著して経済学を創始して以降、経済政策は、市場原理による資源の最適配分（いわゆる「見えざる手」）を信頼し、自由放任を旨とする古典的自由主義のイデオロギーに基づいていた。

しかし、1930年代、世界恐慌により古典的自由主義の破綻が明らかとなった。ルーズヴェルト大統領が大規模な公共投資をはじめとするニューディール政策を打ち出したほか、各国も政府による経済管理を強めるようになった。

1945年4月12日）。民主党。世界恐慌と第二次世界大戦当時の大統領。その政権下におけるニューディール政策と第二次世界大戦への参戦による戦時経済はアメリカ経済を深刻なデフレから回復させたとされる。原子爆弾の製造計画（マンハッタン計画）を主導したことでも知られる。

AP-アフロ

ロナルド・レーガン
Ronald Wilson Reagan（1911〜2004）。アメリカ合衆国第40代大統領（1981年1月20日〜1989年1月20日）。共和党。映画俳優から政治家に転じた。インフレ抑制などを掲げた「レーガノミクス」と呼ばれる経済政策を展開したほか、自由貿易を推進。当時、日本の首相だった中曽根康弘とは、「ロン・ヤス」と呼び合う交流関係を結んだ。

１９３６年には、**ジョン・メイナード・ケインズ**が『雇用、利子および貨幣の一般理論』を著し、政府によるマクロ経済運営という新しい考え方を示した。第二次世界大戦後、西側先進国における経済政策のイデオロギーは、ケインズの影響を大きく受けて、政府が財政金融政策によって総需要を管理し、マクロ経済を調整するという、いわゆる「ケインズ主義」が主流となった。

ところが、１９７０年代に、スタグフレーション（インフレーションと不況の同時発生）が起きると、ケインズ主義的な政策はこれに対処できず、ケインズ主義の権威は失墜した。

代わって登場したのが、**ミルトン・フリードマン**に率いられた新自由主義というイデオロギーである。

新自由主義者たちは、かつての古典的自由主義を現代化し、ケインズ主義は政府の介入によって市場原理を歪めたがゆえに失敗したのだという批判を展開した。そして、イギリスでは**マーガレット・サッチャー**政権、アメリカではロナルド・レーガン政権が登場して、新自由主義的な政策を次々と打ち出していったのである。

akg-images-アフロ

アダム・スミス
Adam Smith（１７２３〜１７９０）。スコットランド生まれ。イギリスで産業革命が始まった時代を生きた哲学者、倫理学者、経済学者。重商主義を批判するために書かれた『国富論』（１７７６年）は、近現代の経済学の出発点と位置づけられ、自由放任を旨とする古典派経済学の創始者と言われる。

Mary Evans Picture Library-アフロ

ジョン・メイナード・ケインズ
John Maynard Keynes（１８８３〜

こうして新自由主義は、１９８０年代初頭以降、先進諸国の経済学や経済政策における支配的なイデオロギーとなりおおせた。それは「ワシントン・コンセンサス」とも呼ばれている。しかし、それから40年の時を経て、バイデン政権が、その新自由主義あるいは「ワシントン・コンセンサス」の終わりを告げようとしているというのである。

「緊縮財政に逆戻りしない」という意志

確かに、バイデン政権の経済政策は、財政赤字の拡大や連邦個人所得税の最高税率の引き上げなどを伴うものであり、新自由主義のイデオロギーからは大きく逸脱している。カリフォルニア大学バークレー校の**ブラッドフォード・デロング**も、端的に「新自由主義の時代は終わったように思われる」とコメントしている。[5]

テキサス大学の**ジェームス・ガルブレイス**は、新自由主義を批判してきた異端派の経済学者であるが、そのガルブレイスも時代の大きな変化を予感したようである。

１９４６）。20世紀を代表するイギリスの経済学者。大恐慌以降の深刻な不況を説明する『雇用、利子および貨幣の一般理論』（１９３６年）を発表し、政府がマクロ経済を調整する「ケインズ主義」を打ち立て、経済学の主流へと押し上げた。また、第二次世界大戦後のブレトン・ウッズ体制の構築にも多大な貢献をした。

Ullstein bild- アフロ

ミルトン・フリードマン
Milton Friedman（１９１２～２００６）。アメリカの経済学者。マネタリズムと新自由主義を代表する学者であり、ケインズ的な政府による総需要管理政策を批判した。共和党のニクソンとレーガンを強く支持。１９８２～１９８６年に日本銀行顧問を務める。主著に『資本主義と自由』（１９６２年）など。１９７６年、ノーベル経済学賞受賞。

彼は、バイデン政権が第一弾の短期的な救済策に続いて、第二弾として、インフラ投資や気候変動対策などの経済政策を計画していることを高く評価している。「最も重要なのは、バイデンの計画が、財政赤字だの国家債務だのに関する標語に一切、言及していないことだ」とガルブレイスは言う[6]。

つまり、バイデン政権の経済政策は、短期の景気刺激策で終わるものではなく、将来、緊縮財政に逆戻りするものではないという意志が示されている点が優れているというのだ。

経済政策の「静かなる革命」

ウォーリック大学名誉教授の**ロバート・スキデルスキー**に至っては、「経済政策の静かなる革命」が進行しているとまで評した。スキデルスキーは、ケインズ研究の第一人者である。

スキデルスキーの主張は、こうである。ケインズ主義が新自由主義にとって代わられてからというもの、積極財政はインフレを招くだけであるとして忌避されてきた。積極財政が単に需要を刺激するだけであるなら、確かに高

ロイター - アフロ

マーガレット・サッチャー
Margaret Hilda Thatcher（1925〜2013）。イギリス第71代首相（1979年5月4日〜1990年11月28日）。保守党初の女性党首、イギリス初の女性首相。インフレに苦しんでいたイギリス経済を再建するため、政府の市場への介入・過剰規制を抑制する政策を実施。強硬な政治姿勢から「鉄の女」と呼ばれた。

ブラッドフォード・デロング
J. Bradford DeLong（1960〜）。カリフォルニア大学バークレー校経済学教授。専門は経済史。ローレンス・サマーズのもと、クリントン政権の財務省副次官補を務めた。著書に『アメリカ経済政策入門』（スティーヴン・コーエンとの共著）など。

インフレのリスクがあるだろう。だが、公共投資が技術開発など供給力の強化へと向けられるのであれば、高インフレは回避されるだけでなく、将来の経済成長が可能になる。

しかも、今日、財政政策は、金融政策よりも強力な景気対策というにとどまらず、気候変動対策や感染症対策に資本を振り向け、社会をより良くするための手段である。これは、経済政策に関する考え方の革命的な転換であるとスキデルスキーは考えているのだ。[7]

コロンビア大学の**アダム・トゥーズ**も同様に、バイデン政権の追加経済対策は、「新しい経済時代の夜明け」であると宣言している。

過去30年間、米国の経済政策を運営するテクノクラートたちは、低インフレの維持を最優先して、財政金融政策を引き締め気味に運営し、失業を放置し、労働者の地位を弱めてきた。バイデン政権は、そういう時代を終わらせようとしている。これは、民主的勝利である。トゥーズはそう評するのである。[8]

端的に言えば、新自由主義に対する民主主義の勝利である。

AP-アフロ

ジェームス・ガルブレイス
James K. Galbraith（1952〜）。ハーバード大学（B.A.）、イェール大学（Ph.D.）。テキサス大学オースティン校、リンドン・B・ジョンソン公共政策研究科教授。ポスト・ケインズ派の経済学者である。父は高名な経済学者ジョン・K・ガルブレイス。主著に『格差と不安定のグローバル経済学　ガルブレイスの現代資本主義論』など。

バイデンの経済政策を支持したのは、リベラル派の学者だけではない。国際通貨基金（ＩＭＦ）の**クリスタリナ・ゲオルギエバ**専務理事も、バイデン政権の１・９兆ドルの大型経済政策に支持を表明した。[9]

それ以前にも、ゲオルギエバ専務理事は、「ＩＭＦとしては非常に珍しいことだが、現在の政策に関して3月から各国政府に対して支出を促す。最大限お金を使い、さらにもう一段支出を増やすように求める」などと発言していた。[10]

彼女自身が「非常に珍しいことだが」と断りを入れているように、ＩＭＦと言えば、１９８０年代以降、新自由主義のイデオロギーを信奉し、債務国に仮借の無い財政規律を求めることで悪名高い国際機関であった。それが、今では、各国に最大限の財政拡張を求めているのだから、なるほど隔世の感がある。

サマーズとクルーグマンの「論争」

REX-アフロ

ロバート・スキデルスキー

Robert Skidelsky（１９３９〜）。イギリスの経済学者、歴史学者。ウォーリック大学名誉教授、英国学士院会員。専門は、経済史、政治経済学。父親の仕事の関係で、幼少期を中国および日本で過ごした。数々の学術賞を受賞したケインズの評伝三部作で知られる。１９９１年に一代貴族になる。

picture alliance-アフロ

アダム・トゥーズ

もっとも、「米国救済計画」の趣旨はともかく、1・9兆ドルという財政規模については、リベラル派の経済学者の間でも、異論を唱える声がないわけではなかった。

特に、ハーバード大学の**ローレンス・サマーズ**による批判が注目を集めた[11]。というのも、次章において詳しく解説するが、サマーズは、2013年以降、先進国経済が低成長、低インフレ、低金利から抜け出せない「長期停滞」に陥っているという議論を積極的に展開し、その対策として積極的な財政政策の有効性を熱心に説いてきた有力な経済学者だったからである。そのサマーズが、バイデン政権の積極財政に異を唱えたのは、やや意外性をもって受け止められた。

もちろん、サマーズは宗旨替えをしたわけではなく、依然として積極財政論者であり、かつ「米国救済計画」の意図や内容については評価している。サマーズが問題にしたのは、その予算規模であった。議会予算局が推計した米国経済の需給ギャップに比べて、「米国救済計画」の予算規模はあまりにも大きすぎるため、高インフレを招く可能性があるとサマーズは指摘したの

Adam Tooze（1967～）。イギリス出身。コロンビア大学の歴史学教授。経済史を専攻。イングランドとドイツのハイデルベルクで育ち、ベルリンで冷戦の崩壊を目撃する。著書に、ナチスの経済政策の実態を描いた『ナチス　破壊の経済』、世界金融危機をテーマとする『暴落』などがある。

ロイター - アフロ

クリスタリナ・ゲオルギエバ Kristalina Georgieva（1953～）。国際通貨基金（IMF）専務理事。ブルガリア出身。大学で教鞭をとった後、世界銀行、欧州委員会での公的キャリアを開始。世界銀行の最高経営責任者（CEO）を経て、2019年から現職。経済学の教科書や、環境政策・経済政策に関する著書多数。

である。

　これに反論したのが、ノーベル経済学賞受賞者の**ポール・クルーグマン**である。クルーグマンは言う。そもそもパンデミックとの戦いは戦争のようなものだ。戦時中に、「完全雇用の達成までどの程度の刺激策が必要か」などという議論をする者がいるか。戦争に勝つのに必要なだけ財政支出を行うに決まっているではないか。

　そうサマーズを挑発した上で、クルーグマンは、サマーズの指摘するインフレのリスクについては、こう反論した。

　第一に、本当の需給ギャップなど、誰も分かりはしない。第二に、米国救済計画の内訳を見ると、インフレを招くような景気刺激策は少ない。第三に、インフレが起き始めたら、金融引き締め政策をやればよいだけの話だ。[12]

　もっとも、サマーズの議論をよく吟味してみると、彼は、インフラ投資などを中心とした第二弾の「米国雇用計画」に、より大きな期待を寄せていることがわかる。

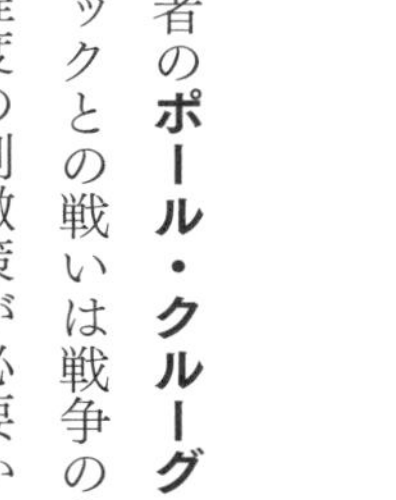
ロイター - アフロ

ローレンス・サマーズ
Lawrence Henry Summers（1954〜）。アメリカの政治家、経済学者。両親ともに経済学者で、父の兄弟にノーベル経済学賞受賞者のポール・サミュエルソンがいる。16歳でマサチューセッツ工科大学に入学、28歳でハーバード大学史上最年少の教授となった俊英。財政学・労働経済学・金融経済学などでめざましい業績をあげた。世界銀行チーフエコノミスト、クリントン政権の財務長官、オバマ政権の国家経済会議委員長、ハーバード大学学長などを歴任。

サマーズは、生活困窮者の救済を中心とした第一弾の「米国救済計画」が高インフレを招いてしまった場合、第二弾のインフラ投資などを行う余地がなくなることを懸念しているのだ。

それゆえ、サマーズは、後日、批判に対してこう答えたのである。

「私の見解では、1・9兆ドルの規模自体は何も間違っていないし、景気刺激策の全体では、もっとずっと大きい規模でも支持するだろう。しかし、米国救済計画の実質的な部分は、単に今年や来年の所得を支援するためのものではなく、今後10年あるいはその先も見据えた、持続可能で包摂的な経済成長の促進に向けられるべきだ。[13]」

こうしたことから、サマーズは「米国雇用計画」が発表されると、「インフラ計画、とりわけグリーンの側面に高揚感がある。国はまさしくそれを必要としている。これは至極正しい方向だ[14]」と強力な支持を表明したのであった。

ロイター - アフロ

ポール・クルーグマン

Paul Robin Krugman（1953〜）。アメリカの経済学者、コラムニスト。スタンフォード大学、プリンストン大学教授などを経て、現在ニューヨーク市立大学大学院センター教授。IMF、世界銀行、欧州委員会のエコノミストも務める。主な研究分野は国際貿易。2008年ノーベル経済学賞受賞。

リーマン・ショックが経済にもたらした「深刻な後遺症」

このように、スキデルスキーによって「経済政策の静かなる革命」とまで評されたバイデン政権の大型経済対策であるが、それは、どのような思想・理論に基づいているのであろうか。

それを知る上で、鍵となる人物がいる。バイデン政権の財務長官**ジャネット・イエレン**である。

イエレンは著名な経済学者であり、1997年から99年まで、**ビル・クリントン**政権下で大統領経済諮問委員会委員長を務め、2014年から18年にかけては、アメリカの中央銀行総裁にあたる連邦準備制度理事会（FRB）の議長も務めるなど、経済政策の実務にもたずさわってきた人物である。

そのイエレンが、FRB議長の任にあった2016年、「危機後のマクロ経済研究」という注目すべき講演を行っている。[15] なお、「危機」とは、20

AP-アフロ

ジャネット・イエレン
Janet Louise Yellen（1946〜）。アメリカの政治家、経済学者。ハーバード大学経済学部助教授、カリフォルニア大学バークレー校のハース・ビジネススクール教授などを経て、同校名誉教授。連邦準備制度（FRB）理事会議長などを歴任。バイデン政権下で米国史上初めての女性財務長官となる。

ロイター - アフロ

ビル・クリントン

08年の世界金融危機、いわゆるリーマン・ショックのことである。
この講演において、イエレンは、世界金融危機を契機として、従来の主流派マクロ経済学の理論や政策は、変更を迫られていると論じた。世界金融危機以降、従来の主流派マクロ経済学では説明困難な現実が明らかになっているというのである。

イエレンが提起した論点は多岐にわたるが、簡単に要約するならば、次のようになる。

これまでの主流派マクロ経済学では、総需要は、短期の経済変動の要因ではあるが、長期の経済成長を説明するものではないとされてきた。**ロバート・ソロー**の成長理論以来、長期の経済成長の決定要因は、あくまで供給側にあると考えられてきたのである。

そのような理論に基づくならば、積極的な財政金融政策による需要刺激策は、短期的な景気対策にはなり得ても、長期の経済成長に資するものではないということになる。長期の経済成長については、供給側を強化する成長戦略が必要になるのである。

William Jefferson Clinton（1946〜）。アメリカ合衆国第42代大統領（1993年1月20日〜2001年1月20日）。民主党。アーカンソー州知事などを歴任後、共和党のジョージ・H・ブッシュを破って大統領に就任。グリーンスパンFRB議長の助言のもと均衡財政を目指し、2000年に財政黒字を達成する。

Photoshot-アフロ

ロバート・ソロー
Robert Merton Solow（1924〜）。アメリカの経済学者。マサチューセッツ工科大学（MIT）教授として、ポール・サミュエルソンとともに戦後の経済学の主流を成す。その成長理論などが高く評価され、1987年にノーベル経済学賞受賞。教え子にスティグリッツらがいる。

このような政策論は、我が国においても、しばしば唱えられてきたものである。政治家や経済学者、あるいはコメンテーターが「財政出動は、単なるカンフル剤に過ぎない。経済成長のためには、構造改革などによって生産性を向上させる成長戦略が必要だ」という主張をするのを、よく耳にしたことがあるだろう。

ところが、イエレンの講演の目的の一つは、まさに、この主流派の経済政策論に疑問を呈することにあったのである。

イエレンの問題提起は、次のようなものであった。

2008年の世界金融危機は、その後の積極的な財政金融政策によって、とりあえず克服され、景気は回復した。ところが、危機後の経済成長率は、危機前の水準に戻ることはなく、低位で推移している。それは、なぜか。イエレンは、世界金融危機による需要の急減が、供給側にもダメージを与え、その結果、潜在的な経済成長力が低下したのではないかと考えたのである。

不況になると、失業者が増え、労働力が落ちる。企業は、設備投資や研究開発投資を控えるから、生産設備の増加や技術革新によって生産性を向上させる機会が失われる。起業も乏しくなるであろう。こうして、不況の間に、供給力が落ち込む。そうなると、その後に不況が終わり、需要が回復したとしても、供給が不足しているため、経済成長が起きにくくなるというのである。

言ってみれば、世界金融危機による一時的な景気の落ち込みが、経済に後遺症のように残って、経済成長力を弱らせるのである。この後遺症のことを、経済学では「履歴効果」と言う。

イエレンは、この履歴効果によって、世界金融危機後の経済成長の鈍化を説明できるのではないかと論じたのであった。

公共投資による「高圧経済」が、経済成長を可能にする

さて、もし履歴効果が存在し、不況による需要不足が長期の経済成長率をも押し下げるのだとすると、従来の主流派マクロ経済学の成長理論は、訂正

を余儀なくされるだろう。

　というのも、積極的な財政金融政策によって需要不足を解消することは、供給サイドの弱体化を防ぎ、長期の経済成長を可能にする上でも必要だということになるからである。

　そこでイエレンは、１９７０年代に**アーサー・オークン**が論じた「高圧経済（high pressure economy）」なる概念を持ち出した。「高圧経済」とは、需要が十分にあって、労働市場がタイトな状態の経済を指す。言わば、インフレ気味の経済である。

　高圧経済の下では、大きな需要が存在することから、企業は積極的な投資を行って、生産能力を拡大する。また、技術開発投資や起業も活発に行われる。雇用機会が十分にあり、労働市場がタイトであるため、労働力はより生産的な仕事へと移動する。

　したがって、政府による公共投資によって、需要を拡大し、高圧経済の状態を作り出すことができれば、民間投資が誘発され、供給力が高まり、経済成長が可能になる。しかも、高圧経済を維持するためには、政府は財政支出

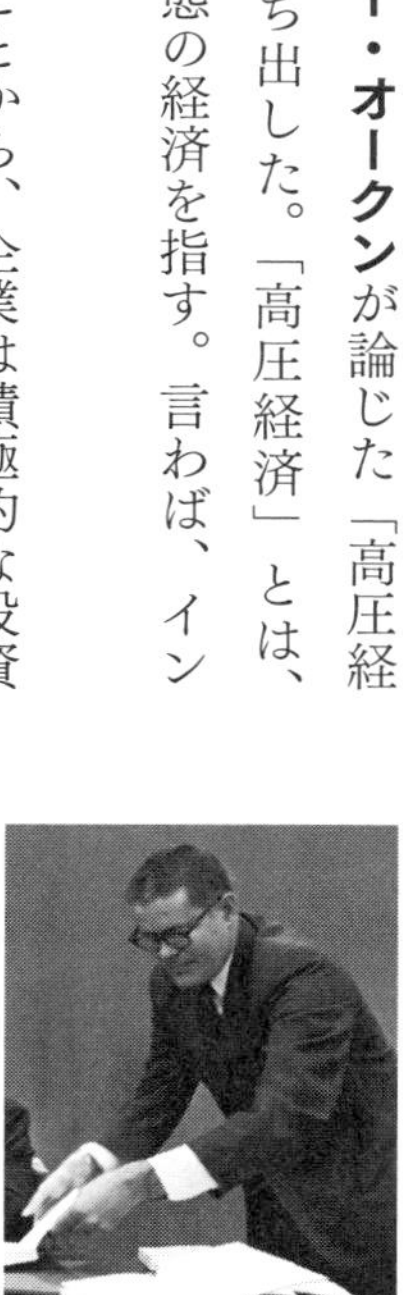
AP-アフロ

アーサー・オークン
Arthur M. Okun（1928～1980）。アメリカの経済学者。イェール大学経済学部教授。1961～1962年、ケネディ大統領の大統領経済諮問委員会の経済学者スタッフを務める。実質GDP成長率と失業率の変化の間には決まった関係があることを示す「オークンの法則」で知られる。主著に『平等か効率か現代資本主義のジレンマ』（1975年）など。

を一時的に拡大するだけではなく、長期間、継続する必要があるかもしれない。

端的に言えば、積極的な財政金融政策は、もはや単なるカンフル剤ではなく、長期的な成長戦略でもあるということだ。これは、確かに、従来の主流派経済学のマクロ経済政策の考え方を根本的に修正するものであった。

「巨額のコロナ対策」と「財政の持続可能性」

イエレンは、世界金融危機による需要不足が、履歴効果を通じて、長期的にも経済成長を鈍化させたと論じたが、この履歴効果は、新型コロナウイルスが引き起こした不況にも当てはまる。

新型コロナウイルスによるパンデミックは、１９３０年代の世界恐慌以来と言われる深刻な大不況をもたらした。パンデミック自体は、ワクチンの開発などにより、いずれ収束へと向かうであろう。しかし、もし履歴効果があるならば、パンデミックがもたらした需要の深刻な急減は、供給能力に大ダメージを与え、その後遺症は長期的に経済の低迷をもたらすに違いない。これを避けるためには、大規模な財政出動を継続することが必要になる。

しかし、従来の主流派マクロ経済学においては、そのような継続的な財政支出は、好ましいものとはされてこなかった。

というのも、主流派マクロ経済学は、財政赤字の拡大は、金利の上昇を招き、民間投資を減殺するという「クラウディング・アウト」を想定していたからである。また、金利の上昇は、政府債務の返済のコストを高めてしまうとも考えられていた。いわゆる「財政の持続可能性」の問題が懸念されたのである。


この新型コロナウイルス対策と財政の持続可能性との折り合いをどうつけるのか。イエレンは、2020年7月、**ベン・バーナンキ**元FRB議長とともに、ブルッキングス研究所にて、新型コロナウイルス対策としての経済政策について証言を行った。そこでイエレンらは、財政赤字や政府債務を恐れず、財政出動を行ってよいと主張したのである。

イエレンもバーナンキも元FRB議長であるから、中央銀行の役割も重要であるとは言っている。しかし、中央銀行には「貸す」ことはできても、

ロイター - アフロ
ベン・バーナンキ
Benjamin Shalom "Ben" Bernanke

「支出する」ことはできない。ところが、コロナ禍における家計や企業に必要なのは貸付ではなく、補助金や給付金である。すなわち金融政策以上に、財政政策が重要になるとイエレンたちは言うのだ。

この時、財政支出先として例示されたのは、以下の三つであった。

①医療研究の支援、検査や病院の能力の拡充、必要物資の供給、ビジネス・学校・公共交通機関の再開の支援等の包括的な計画
②失業対策
③地方政府に対する財政支援

なお、これは、バイデン政権の「米国救済計画」と同じ構成である。イエレンは、この時の提言を、財務長官として実現したということである。

イエレンの出した「答え」

しかし、財政の持続可能性の問題については、どうするつもりなのであろうか。イエレンたちは、証言の最後に、その答えを次のように示唆した。

（1953〜）。アメリカの経済学者。専門はマクロ経済学。プリンストン大学経済学部教授、連邦準備制度理事会（FRB）議長（2006〜2014）を歴任。デフレ史の研究に実績があり、インフレターゲットの研究者として知られる。著書に『リフレと金融政策』『危機と決断 前FRB議長ベン・バーナンキ回顧録』など。

「我々の助言は、すでに記録的水準の連邦政府赤字をさらに増大させる。しかし、金利が極端に低く、それがしばらく続きそうな場合には、議会が財政赤字や政府債務を心配して、この緊急事態にしっかり対処するのを躊躇してはならないと我々は信ずる。

いずれかの時点で、連邦予算の長期的な維持可能性をどう確保するかを考えなければならないだろう。しかし、最優先すべきは、市民をパンデミックから守り、強力かつ公平な経済回復を追求することである。[16]」

要するに、アメリカの金利の水準は極めて低い状態にあり、債務返済のコストは小さいから、財政の持続可能性を懸念する必要はない。そんなことを懸念するよりも大事なことは、国民の命と生活を感染症から守ることだ。これが、イエレンの答えであった。

「超」低金利下においては、政府は“Big act”をすべき

バイデンによって財務長官に指名されたイエレンは、2021年1月19日

の上院財政委員会指名公聴会に臨んだ。

その際、彼女は、以上のような経済政策の考え方を踏まえた上で、財政政策の成長戦略としての側面をさらに強調した。ここには、バイデン政権の経済政策の新たなパラダイムが色濃く反映されている。以下は、イエレンの公聴会における発言の抜粋である。

「経済学者たちはいつも議論を戦わせているが、今は合意に達していると思う。それは、もっと行動しなければ、今はより長く、より苦しい不況になり、かつ後の経済を長期的に傷つけるリスクがあるということだ。」

「大統領も私も、国の債務負担を評価せずにこの救済パッケージを提案しているわけではない。しかし、今は、金利は歴史的に低いので、我々がなすべき最も賢明なことは、大きく行動する（big act）ということだ。特に、長期間にわたって苦闘する人々を救済するならば、長期的には、便益が費用を大きく上回る。」

「FED時代、私は、物価の安定と雇用の最大化の促進の二重の任務に馴染んでいた。財務長官としては、次の二重の任務になるだろう。すなわち、パンデミック克服と、国民の安全を維持して職場に復帰させること、これが第一の任務である。しかし、次に、より長期のプロジェクトがある。我々は、アメリカ経済を再建し、より多くの人々により繁栄をもたらし、アメリカの労働者が、競争が激化するグローバル経済を勝ち抜けるようにしなければならない。」

「財政の持続可能性への道筋をつけるのに今できる最も重要なことは、パンデミックを克服し、国民を救済し、将来世代に便益を与える長期の投資を行うことだ。（中略）過去の経験が示すのは、今日のように、経済が弱く、金利が低い時には、大統領が国民に与えようとしている援助や経済に対する支援のような行動は、短期的には大きな赤字でファイナンスされようとも、経済に占める債務の比率を下げることにつながるということだ。

というのも、この行動は、より収入を生み、将来の社会保障支出を少なくするような、より健全な経済へと結びつくからだ。同時に喫緊の課題は、人材、イノベーション、そして物理的インフラへの投資である。なぜなら、そのような支出は先々、リターンをもたらし、将来世代の生活を改善するからだ。」

「アメリカ経済の再建」と「財政政策」

ここでイエレンは、大規模な財政支出を正当化するにあたり、三つの論理を展開している。

第一に、彼女が2016年の「危機後のマクロ経済研究」で論じたように、不況による需要の急減には、より長期的に経済を傷つける「履歴効果」がある。放任しておけば、景気が自動的に回復して、元通りになるというわけではないのである。

それゆえ、一時的な需要の急減と言えども、放置すべきではなく、速やかに財政出動を行うべきである。この点について、イエレンは、経済学者の間で合意ができていると述べている。

第二に、財政支出を拡大させるにあたっては、財政の持続可能性を気にかけることは、確かに重要ではある。ちなみに、この場合、財政の持続可能性を示す指標は、「対GDP比の政府債務残高」である。

しかし、金利が低い場合には、債務返済の費用は低くなる。それゆえ、財政支出による便益は、資金調達の費用を上回りやすくなる。したがって、財政支出を拡大して、経済を成長させれば、財政の持続可能性（対GDP比の政府債務残高）はかえって改善する。

第三に、イエレンは、「アメリカ経済を再建し、より多くの人々により繁栄をもたらし、アメリカの労働者が、競争が激化するグローバル経済を勝ち抜けるようにするための「長期のプロジェクト」へと、財政の支出先を振り向けると述べている。財政政策は、単に不足する需要を埋めて雇用を創出するという、伝統的なケインズ主義的景気対策として使うのではなく、財政支出先のターゲットを政府が指定するというのである。言うならば、財政政策を産業政策として活用するつもりなのだ。

オリヴィエ・ブランシャール

ロイター - アフロ

「財政政策」の復権

もっとも、このような主張は、もはやイエレン独自のものではなく、アメリカの有力な主流派経済学者の間で共有されつつあるものであった。

例えば、IMFのチーフ・エコノミストやアメリカ経済学会会長を歴任した**オリヴィエ・ブランシャール**MIT名誉教授は、2019年の論文「公的債務と低金利」において、アメリカ経済は、低金利であり、経済成長率が金利を上回る見込みが高いことから、公的債務は財政費用にはならず、厚生面での費用も小さいと主張し、積極財政を擁護している[17]。

元大統領諮問委員会委員長の**ジェイソン・ファーマン**とローレンス・サマーズもまた、2020年11月に「低金利時代の財政政策の再考」を発表し、ゼロ金利で不況下における財政拡張は、財政の持続可能性（政府債務／GDP）をむしろ改善・安定すると主張した。

また、ファーマンとサマーズは、財政政策は、予算均衡を目指すのではなく、利払いをGDP比で抑える運営を行うべきであると述べた上で、今後10

Olivier Jean Blanchard（1948〜）。フランスで生まれた、アメリカの経済学者。マサチューセッツ工科大学（MIT）名誉教授。専門はマクロ経済学。ボストン連邦準備銀行の学術アドバイザー、ニューヨーク連邦準備銀行の経済アドバイザー、IMFのチーフ・エコノミスト（2008〜2015）などを歴任。著書に『マクロ経済学』など。

ロイター - アフロ

ジェイソン・ファーマン
Jason Furman（1970〜）。アメリカの経済学者。ハーバード大学経済学部教授。2008年の大統領選以降、オバマ大統領のアドバイザーとなり、税制、景気対策、「財政の崖」回避などで政策立案に関与。大統領経済諮問委員会委員長（2013〜2017）も務めた。

年間は、成長を促進する分野に焦点を当てた財政政策を行うべきだと提言した。これは、イエレンとほぼ同じ議論であろう。

ここで興味深いのは、ファーマンの主張の変遷である。

2016年、ファーマンは、財政政策に関する経済学者たちの見解は、10年前までは、次のようなものであったと論じた。

裁量的な財政刺激策には、その実施にあたってタイム・ラグがあるため、金融政策の方が優れた経済安定化の政策手段である。仮に財政出動のタイミングが適切であったとしても、その効果は不十分になるか、もしくは、金利の上昇によって民間投資を押し出してしまう（クラウディング・アウト）といった弊害をもたらすかである。財政刺激策の効果は短期的なものに過ぎないのであり、長期的には財政均衡を第一に考える必要がある。

実は、ファーマン自身が、10年前までは、これと同様に考えて、財政政策に否定的な立場をとっていた。[18] ちなみに、我が国の経済学者の多くは、なおも、このような見解に立って、財政赤字の拡大を懸念し、積極財政を批判している。

２０１０年代に進んだ「パラダイム転換」

しかし、ファーマンは、２０１６年時点では、財政政策について、新しい見解が現れたと論じるようになった。その新しい見解は、次の五つの原則にまとめられる。

第一に、財政政策は、金融政策と補完的に用いられることで、経済安定化の効果を発揮する。

第二に、裁量的な財政刺激策は非常に有効であり、民間投資を呼び込む（クラウディング・イン）ことすらある。それによって、金利は上昇するが、それは経済にとってプラスであって、マイナスではない。

第三に、財政刺激策の費用（金利）が低い現在は、財政政策の余地が大いにある。

第四に、公共投資の支出先が効果的であれば、財政刺激策を継続することは望ましい場合が多い。

第五に、国際協調による財政出動は、いっそう効果が大きくなる可能性がある。[19]

そして、現在のファーマンが、これらの五つの原則を支持するようになっているのは、言うまでもない。

このようにファーマンが、財政政策に関する新しい見解について論じたのが、イエレンが従来のマクロ経済学の誤りを指摘した講演「危機後のマクロ経済研究」を行ったのと同じ2016年であったことは、実に興味深い。

なぜなら、マクロ経済学の理論的なパラダイム転換が、2010年代の半ばにすでに進行していたことがうかがわれるからだ。そして、そのパラダイム転換が、理論だけではなく、経済政策にも反映されるようになったのが、バイデン政権が発足した2021年だということになる。

日本こそ「積極財政」に転ずべき理由

このように、アメリカでは、主流派経済学の理論面においても、経済政策の実践面においても、積極財政へのパラダイム転換が起きている。では日本では、どうか。
アメリカが積極財政へと舵を切ったからと言って、日本もそうすべきだとは言えないという反論が容易に想定されるであろう。日本の対GDP比の政府債務残高は、アメリカより遥かに高い水準にあるからというのが、その反論の根拠である。

しかし、イエレン、サマーズあるいはブランシャールたちが積極財政を説く根拠の一つは、アメリカが歴史的な低金利であるということだった。彼らは、財政出動の判断基準を、金利水準に置いているのである。

そして、日本の金利水準は、その低いと言われるアメリカの金利水準の十分の一以下で、推移している。2020年には、新型コロナ対策として財政支出を拡大させ、プライマリー・バランスの赤字は56兆円以上まで膨れ上がったが、金利が急騰するようなことはなかった。それどころか、インフレ率は低下したのである(図1)。

ということは、積極財政に転ずべしというアメリカの主流派経済学及びバイデン政権の経済政策の考え方は、むしろアメリカ以上に、日本にも適用できるということになろう。

実際、ブランシャールは、２０１９年5月、田代毅との共著論文「日本の財政政策の選択肢」において、日本には、プライマリー・バランス（基礎的財政収支）の赤字が長期にわたって必要であると主張している。[20] これは、言うまでもなく、プライマリー・バランスの黒字化を目標とする日本政府とは正反対の主張である。

もちろん、アメリカにおいても、「経済政策の静かなる革命」が、このまま成就するとは限らない。バイデン政権の大規模財政政策には、共和党をはじめとする政治勢力が障害として立ちふさがる。特に税制改革については、それによって不利になる富裕層や多国籍企業が強く反対するであろう。

しかし、少なくとも言えることは、経済政策の背景にある思想や理論の面に関して言えば、アメリカにおいて、１９８０年代初頭のロナルド・レーガン政権以来の抜本的な転換が進みつつあるということは、間違いないということである。そして、それはスキデルスキーが言う通り、「静かなる革命」と評すべき大転換なのである。

図1　プライマリーバランス、インフレ率、長期金利の推移

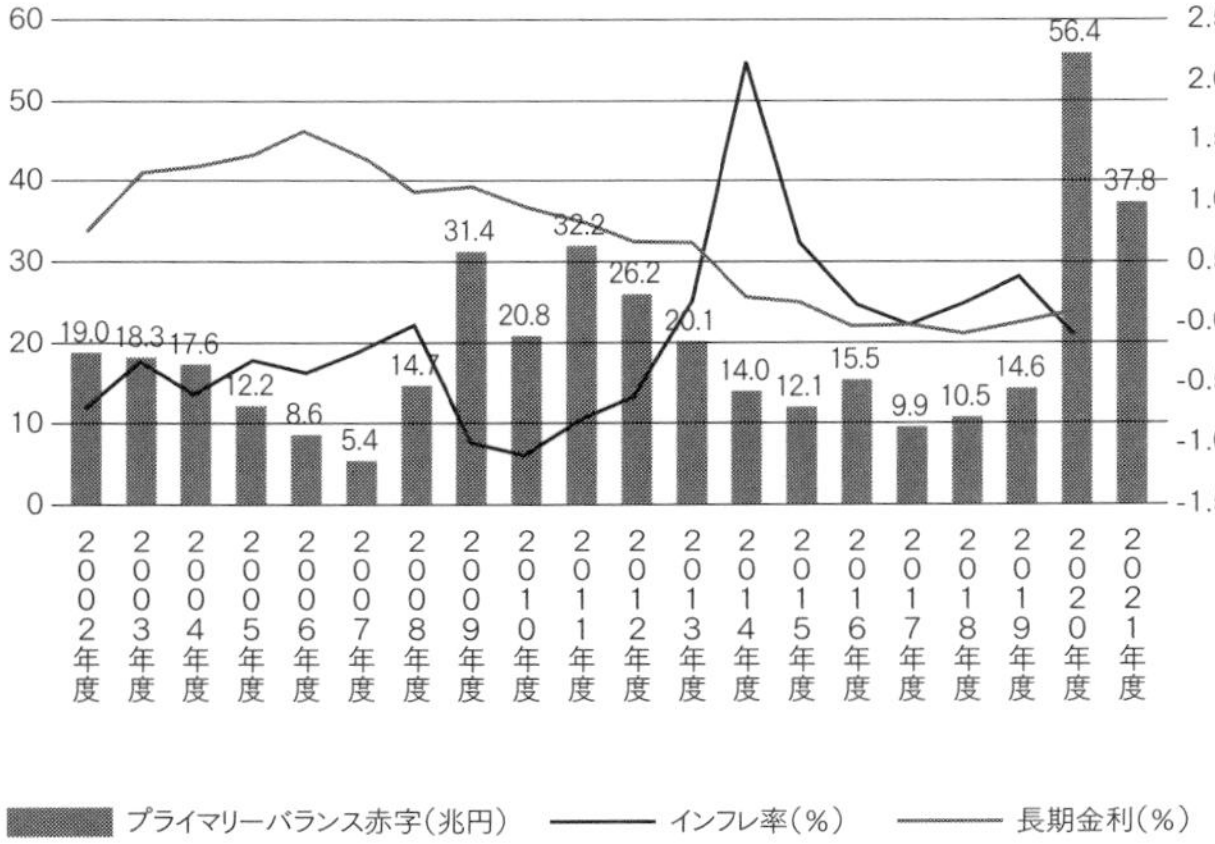

注:2021年度のプライマリーバランスは、内閣府「中長期の経済財政に関する試算」(令和3年7月21日)による。

経済学に起きた「科学革命」

ところで、これまで述べたように、主流派経済学における理論の転換は、サマーズ、イエレンあるいはファーマンの議論からも明らかなように、２０１０年代には着実に進行していた。その理由は、２００８年の世界金融危機そしてその後の経済停滞（「長期停滞」）が、従来の主流派経済学では容易に説明できないものであったからである。

それは、言わば、**トーマス・クーン**の言う「科学革命」のようなものであるかもしれない。

クーンは、『科学革命の構造』[21]において、科学者たちが考え方や研究手法のモデルを共有していると論じ、そのモデルを「パラダイム」と呼んだ。科学者たちは、通常、特定のパラダイムに従って、現象を観察し、理解している。そして、特定のパラダイムでは説明できない異常な事象を観察したとしても、それをエラーとして排除し、パラダイムを疑うことはない。

The New York Times-アフロ

トーマス・クーン

Thomas Samuel Kuhn（１９２２～１９９６）。アメリカの哲学者、科学者。専門は科学史と科学哲学。ハーバード大学で物理学の博士号を取得。同大学などで教鞭をとった後、マサチューセッツ工科大学（ＭＩＴ）の科学史・科学哲学教授に就任。主著に、科学の歴史を「パラダイム変換」の歴史と位置づけた『科学革命の構造』（１９６２年）のほか、『コペルニクス革命』（１９５７年）など。

ところが、次第に、パラダイムでは説明できない異常な事象が増えてきて、パラダイムに対する科学者たちの確信が動揺し始め、遂にはパラダイムを維持できなくなる。パラダイムの「危機」である。

この「危機」が発生した時、異常とされた事象も含めて説明できる新たなパラダイムを提示する者が現れる。そして、その新パラダイムが旧パラダイムにとって代わる。これが「科学革命」である。

世界金融危機とその後の長期停滞という現象は、まさに主流派経済学のパラダイムを「危機」に陥れ、経済学の革命を引き起こしたと言えるかもしれない。

しかし、この経済学の革命は、サマーズやイエレンら主流派経済学者が考えている以上に、根本的なものであった。それは、主流派経済学が財政政策を再評価するようになったなどという程度のものではなく、主流派経済学自体の依って立つ基盤そのものを破壊するものだったのである。

それについては、次章以降において明らかとなろう。

第二章

「長期停滞」論争

なぜ、先進諸国は「長期停滞」に陥ったのか？

前章において、２００８年の世界金融危機とその後の長期停滞が、主流派経済学のパラダイムを危機に陥れたと述べた。「長期停滞（secular stagnation）」とは、ローレンス・サマーズが２０１３年11月の国際通貨基金（ＩＭＦ）のコンファレンスにおける講演で提起した問題である。[22]

「長期停滞」という議論は、元々、１９３９年に経済学者**アルヴィン・ハンセン**が、世界恐慌後に停滞が続くアメリカ経済についての仮説として論じた議論である。サマーズは、このハンセンの古典的な議論を現代によみがえらせたのであった。

サマーズは、２００８年の世界金融危機（リーマン・ショック）の後、低成長、低インフレ、低金利の状態が続くアメリカ経済について、長期停滞に陥っているのではないかと論じたのである。

それ以降、アメリカ経済は長期停滞にあるのか、そしてその原因は何かについて、論争が巻き起こっている。そして、それが従来の主流派経済学に動

AP-アフロ

アルヴィン・ハンセン
Alvin Harvey Hansen（1887～1975）。アメリカの経済学者。ルーズヴェルト大統領が主催する国家政策調査委員会の長官を務める（1933～1934）。1937年にハーバード大学政治経済学教授に就任。ヒックスと共にIS-LMモデル

揺を与えているのである。

この「長期停滞」論争について、まず、サマーズ自身がどう論じているのかを簡単に見ておこう。[23]

アメリカ経済は、リーマン・ショック以降、平均で2・3％という低成長が続いている。しかし、サマーズの見立てでは、2003年から2007年のアメリカ経済の好調さは、住宅バブルによるものに過ぎず、また1990年代後半の好況もITバブルによるものであった。

そう考えると、金融の安定性を伴った好調なパフォーマンスというものを、アメリカは、もう15年以上も経験していないということになる。ヨーロッパも同様で、2001年から2007年までの好況は金融バブルの産物に過ぎなかったことが判明している。ちなみに、日本は、欧米に先んじて、1990年代から長期停滞から抜け出せなくなっている。

だとすると、先進国経済は、15年から20年もの間、停滞しているということになる。

を構築したほか、景気循環論、特に長期停滞論で知られる。ケインズ革命をアメリカにもたらすことに尽力し、アメリカン・ケインジアンとも呼ばれた。

このような長期停滞という現象について、主流派マクロ経済学は、これまで考慮してこなかったとサマーズは言う。

というのも、主流派経済学は、論者によって程度の差はあるものの、基本的には、市場には需要と供給を自動的に均衡させるメカニズムが備わっているという前提を共有しているからだ。このため、主流派経済学者は、需給の不均衡、つまり不況というものを一時的な変動に過ぎないものとみなし、それが長期にわたって続くとは想定していなかった。

実際、世界金融危機以降、政府や国際機関などの成長率の予測は、何度も下方修正を余儀なくされてきた。主流派経済学に基づく経済モデルは、いずれ市場の調整メカニズムが不況を克服し、成長率を元に戻すという想定に立っていたのだが、その想定が間違っていたということである。

ローレンス・サマーズの「仮説」

この従来の主流派経済学では説明がつかない長期停滞という現象について、サマーズは次のような仮説を提起した。

通常であれば、需要不足による不況を克服するには、金融緩和政策が有効である。それは、次のような考え方による。

まず、自然利子率（均衡実質利子率）というものを想定する。自然利子率とは、需給が瞬時に調整されて均衡するという仮想の世界において成立する実質利子率のことである。自然利子率が達成されている時には、完全雇用が実現していることになる。

そこで、金融政策は、現実経済における実質利子率を自然利子率に一致させることを目指して運営される。具体的には、中央銀行が、名目利子率を自然利子率の水準に誘導するのである。

しかし、長期停滞下の先進国経済では、名目利子率はすでにゼロあるいはゼロ近傍の水準にあり、それが続いている。それにもかかわらず、経済が停滞しているということは、自然利子率は、もっと低いということになる。しかし、名目利子率がすでにゼロという下限にまで達しているので、金融緩和政策によって名目利子率を引き下げる余地はほとんどない。つまり、金融政策は、有効な処方箋ではなくなってしまったのだ。

なぜ、自然利子率はゼロを下回る水準にまで低下したのか。

それは、投資性向を抑制し、貯蓄性向を上げる構造的な力が働いているからだとサマーズは考えている。

例えば、先進諸国の人口減少、資本財価格の低下、必要資本量の減少をもたらす技術革新（例えば、携帯電話の資本コストは、固定電話よりもはるかに安い）によって、投資需要が減退した。

そして、同時に、開発途上国による準備の積み増し、金融危機による安全資産の需要増、格差の拡大による平均貯蓄性向の高まりなどは、貯蓄を増大させる要因になっている。

投資が抑制され、貯蓄が増えれば、利子率は低下する。このように考えたサマーズは、長期停滞とは、構造的な需要不足によって自然利子率がゼロを下回った状態であると診断したのである。

サマーズが「構造改革」を否定する理由

では、この長期停滞を脱するには、どのような処方箋があり得るのか。一般的に挙げられる経済政策とは、金融政策、構造改革、財政政策の三つである。

まず金融政策についてであるが、長期停滞下では、その有効性は著しく低下している。というのも、名目利子率がゼロ下限に達してしまっているので、利子率を引き下げる余地がほとんどないからだ。


では、構造改革は、どうか。

ここで言う「構造改革」とは、経済の潜在成長力を高めるため、規制緩和などによって、資本市場や労働市場をより流動的にして競争を活発にすることで、生産性を向上させることを目指す新自由主義的な政策である。この構造改革こそ、まさに日本の長期停滞において実施されてきた主たる政策である。しかし、構造改革に関するサマーズの評価は、否定的である。

なぜなら、構造改革によって供給力が高まっても、それに伴う需要の増大が同時になければ、かえってデフレ圧力が発生してしまうからである。

デフレ、すなわちインフレ率がマイナスになれば、実質利子率（＝名目利子率－インフレ率）は上昇する。実質利子率の上昇は、需要をいっそう減退させるので、さらにデフレが悪化するという悪循環が生ずることを意味するとサマーズは主張する。

これは、まさに日本が過去30年間、経験してきたことにほかならない。日本が長期停滞から抜け出せなくなったのも、サマーズに言わせれば、当然であろう。そうなるような政策を推進してきたのだからだ。


残された選択肢は、財政政策である。

財政政策、すなわち公共投資や民間投資を促進して、支出を拡大する。これこそが、サマーズが最も推奨する処方箋にほかならない。

サマーズは、長期停滞をもたらしている構造的な問題を解消するために、公共投資を用いるべきだと主張する。特に、インフラ整備のための公共投資はGDPを拡大するので、結果的に、対GDP比の公的債務負担を軽減するだろう。金利がほぼゼロの時に、5~10%のリターンをもたらす公共投資を行うのは理に適っているとサマーズは強調するのである。

「生産性の低下」と「長期停滞」

このようにサマーズは、長期停滞の原因をもっぱら需要不足に帰した。

これに対し、長期停滞の原因を生産性の低下や総労働時間の減少といった供給サイドの問題に求めたのが、**ロバート・ゴードン**である。[24]

ゴードンの議論は、次のようなものであった。

アメリカの全要素生産性の平均値は、1920年から1972年までは2・01％であったが、1972年から2014年では0・70％と、約三分の一にまで低下した。

労働生産性も、1972年以降は、1920年から1972年までと比べて1・3％ほど低下した。2010年から14年の間で見ると、全要素生産性は年あたり0・48％まで、労働生産性は年あたり0・87％まで鈍化していたのである。

1920年から1972年までの高い全要素生産性は、電気、内燃機関、化学産業、電話などの発明があった第二次産業革命の効果によるものであった。こうした発明は、やや遅れて生産性を向上させるのである。その効果は

ロバート・ゴードン
Robert James Gordon(1940〜)。アメリカの経済学者。ノースウェスタン大学教授。専門はマクロ経済学。父は元アメリカ経済学会会長ロバート・アーロン、母も経済学者。ハーバード大学、オックスフォード大学を卒業後、マサチューセッツ工科大学(MIT)でph.D.取得。ハーバード、シカゴ大学助教授を経て、1973年から現職。著書に『アメリカ経済　成長の終焉』など。

1972年まで続いたが、それ以降、減衰していった。

しかし、1960年代から70年代にかけて、メインフレーム・コンピュータの登場により、デジタル技術による第三次産業革命が始まり、1980年代にはパソコンやATM機、バーコード・スキャニングなどが発明された。この第三次産業革命もまた遅れて生産性向上効果を発揮し、1996年から2004年の間の全要素生産性は1・43%にまで上昇した。

ところが、2004年から2014年の間の全要素生産性は、わずか0・54%にまで鈍化した。第三次産業革命による生産性向上効果は、第二次産業革命とは異なり、たった8年間しか持たずに減衰してしまったのである。加えて、人口増加率と労働参加率が減少したことにより、総労働時間の増加率も減少した。

こうした供給サイドの能力の低下が、今日の長期停滞をもたらしたのだとゴードンは主張するのである。

失われた「社会的条件」

では、今後は、生産性が向上する可能性はあるのであろうか。これについて、ゴードンは悲観的である。その理由は、生産性の向上をもたらしてきたアメリカの社会的な条件が失われているからである。

例えば、教育は、労働生産性の向上に大きな効果がある。1900年には、高卒の割合は10％以下であったが、1970年には80％にまでなっており、これは20世紀の経済成長に大きく寄与した。

しかし、1970年以降は、この割合は停滞している。大学教育についても、戦後、低コストの大学教育が広まり、20世紀のアメリカは、大学進学率において世界をリードしていた。しかし、1972年以降、大学教育の費用が上昇しており、今では、大学生はローンを組むことなしに卒業できなくなっている。

少年犯罪が増加していることも、労働参加の減少につながり、経済成長の障害となる。ある調査によれば、白人男子の高校中退者で刑務所に行った経験のある者は、1979年から2009年の間で、3・8%から28・0%にまで増加した。米連邦捜査局（FBI）によれば、アメリカ人の全成人の三分の一以上に犯罪歴があるという。

このように、ゴードンは、第三次産業革命による生産性の向上効果の低減、人口増加の鈍化、労働参加の減少といった供給サイドに、長期停滞の原因を求めるのである。

「セーの法則」を否定したサマーズ

これに対して、需要サイドの要因を強調するサマーズは、ゴードンの説には否定的である。

なぜなら、供給サイドに問題があるならば需要過多となり、物価は上がるはずだからだ。ところが現在は、インフレ率が低下している。したがって、長期停滞の原因は、供給サイドよりもむしろ、需要サイドにあるとみなすべきだとサマーズは言う。需要不足の常態化こそが、長期停滞の根本原因であるというわけだ。
もっとも、ゴードンは、供給サイドの要因を強調してはいるが、他方で、需要サイドの要因についても認めており、「結局のところ、長期停滞は、需要だけとか、供給だけとかではなく、需要と供給の相互作用でもある」[25]と結論している。

他方、サマーズもまた、供給サイドの要因を無視しているわけではなく、需要と供給の相互作用を想定している。サマーズは、需要不足は、資本形成に必要な投資の減退を招き、結果として、供給能力を弱体化させるという「履歴効果」あるいは「逆セーの法則」があると主張したのである。

これは、重要な指摘である。「セーの法則」とは、「供給が需要を生み出す」という法則である。モノやサービスを供給すれば、それは必ず売れるというのだ。しかし、実際には、そんなことはあり得ない。ニーズのないものを供給したところで、売れるはずがない。つまり、需要が供給を生み出しているのである。だから「逆セーの法則」だとサマーズは言うのである。[26]

「逆セーの法則」が正しいというのは、ごく当然であるように思われるだろう。ところが驚くべきことに、これまで主流派経済学は、「セーの法則」の方を前提としてきたのである。

セーの法則が成り立つならば、供給は必ず需要を生み出すので、政府が積極財政によって需要を創出する必要はない。このセーの法則を論拠の一つとして、主流派経済学は財政政策の有効性を否定してきた。そのセーの法則をサマーズは逆転させたのである。

このように、従来の主流派経済学では説明困難な長期停滞という現象は、経済学者たちに理論の根本的な見直しを迫っているのである。

「長期停滞」が経済学に突きつけたもの

こうした長期停滞を巡る論争から、長期停滞という現象が主流派経済学の理論と政策に大きな修正を迫っていることが分かる。前章においても述べたように、主流派経済学は、トーマス・クーンの言うパラダイムの「危機」に陥っているのである。サマーズも、そのことを自覚している。[27]

具体的には、次の通りである。

第一に、従来の主流派マクロ経済学は、基本的には、市場は政府の介入なしに自動的に均衡するという前提を置いていた。そして、仮に短期的な需給の変動による不況はあったとしても、景気が回復すれば、経済成長はまた元の経路に戻るものと想定されていた。

しかし、世界金融危機が克服されても、経済成長率が危機前の水準には戻らず、長期停滞に陥った。これは、前章で述べたとおり、イエレンの2016年の講演「危機後のマクロ経済研究」の主題である。

第二に、従来の主流派マクロ経済学では、需要不足に対しては金融緩和政策で対応できると考えられ、財政政策の評価は低かった。しかし、長期停滞によって、名目利子率がゼロ下限に達し、財政政策こそが最も重要であるという評価へと変わった。

第三に、従来の主流派マクロ経済学は、供給が需要を生み出すというセーの法則が前提とされていたが、サマーズは、長期停滞に直面して、需要こそが供給を生み出すという「逆セーの法則」を唱えるに至った。

こうしてみると、長期停滞が主流派経済学に大きな転換を迫っていることは明らかであろう。

主流派マクロ経済学の「根本的欠陥」

もっとも、その転換のやり方にも、二通りある。

一つは、主流派経済学の基本的な分析枠組みは温存しつつ、長期停滞に対する診断や処方が可能となるように、修正を加えることである。そして、もう一つは、主流派経済学の分析枠組みを根本的に否定し、まったく別の理論体系に乗り換えることである。

実は、サマーズ自身は、自分の立場を、この二つのやり方の中間に位置づけている。[28] 彼は、長期停滞という現象によって、主流派経済学のパラダイムが危機に陥っていると感じつつも、経済学の革命を起こそうとまでは思っていないのである。

しかし、その結果として、サマーズの議論は、なお主流派経済学の根本的

akg-images- アフロ

クヌート・ヴィクセル
Johan Gustaf Knut Wicksell（185

な欠陥をはらんだままとなっている。

その一つは、利子率の理論に関する欠陥である。この欠陥は、「ポスト・ケインズ派」と呼ばれる異端の経済学派によって、以前から指摘されてきたものであった[29]。簡単に言うと、次の通りである。

第一に、主流派マクロ経済学は、自然利子率（均衡実質利子率）という利子率を想定する。自然利子率は、**クヌート・ヴィクセル**が最初に提唱した概念である。

ヴィクセルによれば、自然利子率とは、実物資本の需給を均衡させる水準の利子率である。主流派経済学は、実質利子率を自然利子率と一致するように誘導すれば、完全雇用が達成されるとするのである。サマーズは、この理論にのっとって、長期停滞においては、自然利子率がゼロ以下に低下したのではないかと論じたのである。

だが、このような立論自体、まったくもってナンセンスである。

なぜなら、**ジョン・スミシン**が指摘するように、ヴィクセルは、自然利子率を、貨幣取引を利用することなく、実物資本を実物のまま貸し付けるとし

1～1926）。スウェーデンの経済学者。スウェーデン学派の祖。1885年にウプサラ大学で数学の博士号を取得したが、後に興味を経済学に移した。1900年にルンド大学の正教授に就任。主著である『利子と物価』（1898年）で発表された利子理論は経済学に大きな影響を及ぼした。

ジョン・スミシン
John Smithin（1951～）。ポスト・ケインズ派の経済学者。イギリスのカルガリー大学、ランチェスター工科大学（現コベントリー大学）で教鞭をとった後、カナダのヨーク大学経済学部教授に就任。研究対象は、貨幣理論、マクロ経済政策など。"Macroeconomic Policy and the Future of Capitalism"(1996) など著書多数。

た場合の需要と供給の均衡によって決まる利子率であると考えていた。言い換えれば、自然利子率とは、貨幣のない物々交換の世界に存在するとされた架空の実質利子率のことなのである。

しかし、人類学者**デヴィッド・グレーバー**の大著『負債論　貨幣と暴力の5000年』でも論じられているように、そもそも「物々交換経済」などというものは神話に過ぎない。[30] ごく一部でアド・ホックに行われる物々交換はともかく、物々交換を基盤にして成立する社会というものは、人類の歴史上、存在しなかったし、これからも実現しそうにない。物々交換経済が神話であるならば、自然利子率もまた神話である。[31]

「信用創造」についての根本的な誤解

第二に、主流派経済学の金融理論は、「貸付資金説」に立脚している。

貸付資金説によれば、銀行は、借り手に貸し付けを行う際、銀行口座に貯蓄された資金を元手にしている。そして、名目利子率は、貸付可能な資金に対する借り手の需要と、貸し手からの貸付資金の供給との均衡、言い換えれ

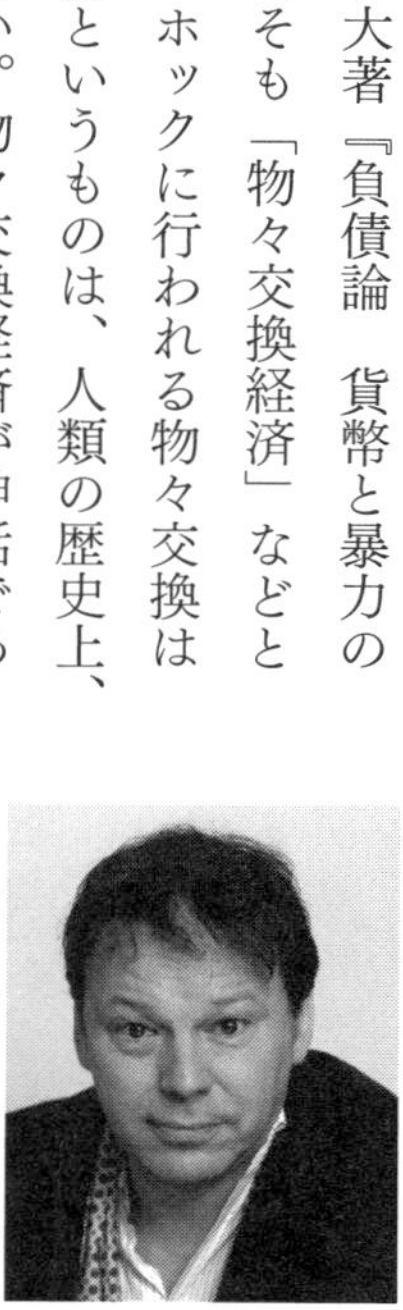
picture alliance- アフロ

デヴィッド・グレーバー
David Rolfe Graeber（1961～2020）。アメリカの人類学者。アナキスト・アクティビスト。イェール大学准教授などを経て、ロンドン・スクール・オブ・エコノミックス大学人類学教授に就任。2011年の「ウォール街を占拠せよ」運動では指導的な役割を果たした。著書に『負債論　貨幣と暴力の5000年』『ブルシット・ジョブ　クソどうでもいい仕事の理論』など。

ば、投資と貯蓄が一致する水準で決まるとされるのである。

これに対して、ポスト・ケインズ派は貸付資金説を否定し、投資は、貯蓄とは独立に決まるとする。

そもそも、銀行は、預金を借り手に貸し出しているのではない。その反対に、借り手に貸し出すことによって、預金を創造する。これが、いわゆる「信用創造」である。要するに、主流派経済学は、信用創造について根本的に誤解していたということである。

主流派経済学だけでなく、銀行実務に関する通俗観念もまた、預金を借り手に貸し出しているものと誤解している。こうしたことから、イングランド銀行は、この貸付資金説という根深い誤解を払拭すべく、季刊誌において「商業銀行は、新規の融資を行うことで、銀行預金の形式の貨幣を創造する」という解説を掲載している。[32]

ちなみに、我が国の全国銀行協会も、「銀行が貸出を行う際は、貸出先企業Xに現金を交付するのではなく、Xの預金口座に貸出金相当額を入金記帳する。つまり、銀行の貸出の段階で預金は創造される仕組みである[33]」と解説している。

さて、銀行は、信用創造によって、言わば、無から貨幣（預金）を生み出すことができるわけであるから、貸出しに必要なのは、事前の資金ではなく、信用できる借り手の存在だけということになる。

すなわち、資金需要があれば、貨幣は銀行によって創造され、供給されるということである。したがって、投資が、先立つ貯蓄に制約されるということはない。その反対に、企業によって行われる投資が、貯蓄をつくるのである。ということは、貯蓄過剰によって利子率が下がるとか、貯蓄不足によって利子率が上がるということはあり得ないということだ。

「積極財政」の根拠は「低金利」ではない

では、利子率は、どのようにして決定されるのであろうか。

これについては、貸付資金説の否定では一致するポスト・ケインズ派の中でも、論争になっている。大雑把に言えば、中央銀行が政策として決定した利子率によって決まるという説と、流動性選好によって利子率が決まるという説との間の論争である。

ちなみに「流動性選好」とは、選択関係にある資産のうち、貨幣や短期資産など、より流動性の高い資産を手元に保有しようとする欲求のことである。

例えば、将来の不確実性が高まると、人々は、貨幣を保有したくなるので、債券を売って貨幣を得るため、債券の価格は下がり、金利は上がるだろう。あるいは、貸出需要が増加すると、銀行の流動性が減少するので、銀行は貸出金利を引き上げるだろう。このように、流動性選好が利子率を決定するとするのが流動性選好説である。この流動性選好説と、中央銀行の政策が利子率を決定するという説との間で論争が起きているのである。

ここでは、この理論的な論争に深く踏み込むことを避けて、とりあえず両説の整合を試みる**マルク・ラヴォア**の説に従っておくならば、中央銀行がベース利子率を決定し、流動性選好はベース利子率と他の利子率のスプレッド(差)を決定することとなる。[34]

つまり、中央銀行は、ベースとなる短期の利子率を政策金利として決定することで、他の様々な利子率に影響を与えて調整するのである。[35] したがって、

マルク・ラヴォア
Marc Lavoie(1954〜)。カナダのオンタリオ州オタワ生まれ。ポスト・ケインズ派の経済学者。オタワ大学社会科学学部経済学科教授。カールトン大学卒業。パリ第1大学で修士号・博士号取得。フェンシングのオリンピック選手だった。著書に『ポストケインズ派経済学入門』など。

利子率は、中央銀行によって操作され得ると端的に言ってもよいであろう。

ここに、サマーズの議論の欠陥の二点目がある。というのも、サマーズは、公共投資を拡大すべき根拠として、利子率が極めて低い水準にあるため、公的債務の利払い負担が軽いという点を強調していた。

しかし、ポスト・ケインズ派が主張するように、投資は貯蓄の制約を受けず、利子率は中央銀行が操作できるのであれば、超低金利水準が利払いの負担を軽くすること自体は、公共投資を拡大すべき理由とはならないであろう。利払いの負担を軽くしたければ、中央銀行が政策金利を引き下げればよいだけだからだ。もちろん、長期停滞下における公共投資の拡大が望ましいことには異論はないが、それは低金利であることとは別の理由によるべきであろう。

なお、**バリー・アイケングリーン**は、グローバルな貯蓄率を計測し、長期停滞の原因を貯蓄過剰に帰する議論に疑問を呈している。というのも、1980年以降、高貯蓄率が続いているというわけではなく、2000年代に一時的に貯蓄率が高くなっていただけだったからである。[36]

Richard Kalvar-Magnum Photos-アフロ

バリー・アイケングリーン
Barry J. Eichengreen（1952〜）。アメリカの経済学者。ハーバード大学経済学部の助教授などを経て、カリフォルニア大学バークレー校教授。専門は政治経済学、国際金融論、経済史。IMFのシニア政策アドバイザーを務める（1997〜1998）。主著に"Golden Fetters: The Gold Standard and the Great Depression, 1919-1939"など。

「赤字財政支出」が「民間貯蓄」を生むメカニズム

以上のように、サマーズが依拠する主流派経済学は、貸付資金説という誤った前提を置いているために、利子率の決定理論についても間違ったものとなっていた。実は、この主流派経済学の貸付資金説の誤謬は、それだけではなく、財政政策に関しても、間違った結論を導き出していたのである。

改めて説明すると、銀行の貸出しは、貸付資金説の想定とは異なり、預金を元手としない。反対に、貸出しが預金を生む。これが信用創造である。

さて、この信用創造の過程は、政府に対する貸出しの場合も基本的に同じである。すなわち赤字財政支出（国債発行による財政支出）は、その支出額と同額の民間貯蓄（預金）を生むのである。ただし、政府の口座は、民間銀行ではなく、中央銀行にある。こうしたことから、赤字財政支出は、次のようなプロセスを経ている。

政府が赤字財政支出をするにあたって国債を発行し、その国債を銀行が購入する場合、銀行は中央銀行に設けられた準備預金を通じて買う。ちなみに、この準備預金は、中央銀行が供給したものであって、銀行が集めた民間預金ではないことに留意が必要である。

そして、政府が赤字財政支出を行うと、支出額と同額の民間預金が生まれる。つまり、財政赤字の拡大によって、民間貯蓄は増えるのだ。したがって、「財政赤字によって資金が逼迫して国債金利が上昇する」などということは、起きようがないのである。

実際、日本では、過去20年にわたり、巨額の政府債務を累積し続ける中で、長期金利は世界最低水準で推移してきた（図2）。これは、信用創造を正しく理解していれば、何も不思議なことはない。

さらに言えば、政府が発行した国債を銀行が購入する場合、銀行は、中央銀行に設けられた準備預金を通じて購入している。その準備預金は、中央銀行から供給されたものであって、民間部門の預金を集めたものではない。すなわち、政府の財政赤字は、民間貯蓄でファイナンスされてなどいないので

図２　政府債務残高及び長期国債金利の推移

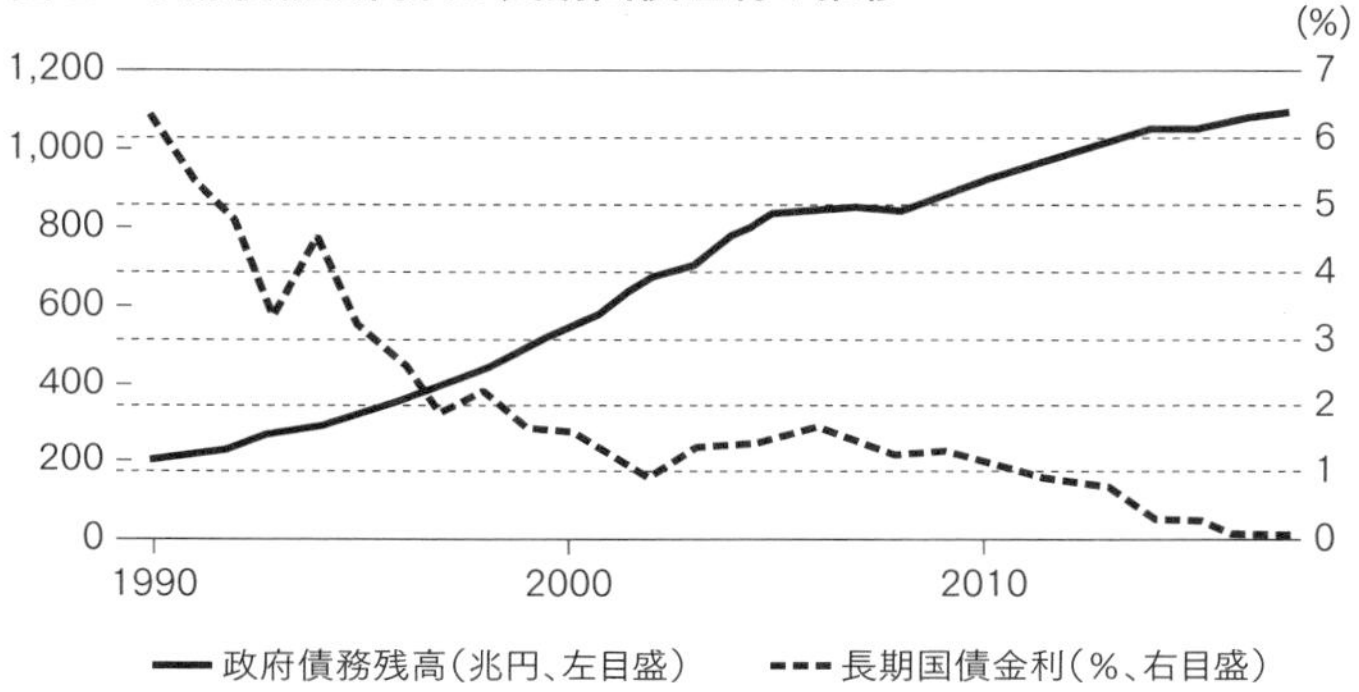

島倉原氏作成提供（データ出所は財務省、日本銀行及び内閣府）

である。

例えば、日本の場合、次のようなプロセスとなる（図３）。

①政府が新規に国債を発行し、民間銀行が日本銀行に設けられた日銀当座預金（日銀から供給された準備預金）によって、その国債を購入する。すると、民間銀行の日銀当座預金が、政府の日銀当座預金勘定に振り替えられる。

②政府は、例えば公共事業の発注にあたり、請負企業に政府小切手により、その代金を払う。

③企業は、政府小切手を自己の取引銀行に持ち込み、代金の取立を依頼

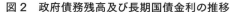

する。

④取立を依頼された民間銀行は、それに相当する金額を当該企業の口座に記帳する（ここで、新たな民間預金が生まれる）と同時に、代金の取立を日銀に依頼する。

⑤この結果、政府の日銀当座預金（これは①において国債の銀行への売却によって入手されたものである）から、当該民間銀行の日銀当座預金勘定に振り替えられる。

⑥当該民間銀行は、戻ってきた日銀当座預金で、再び新規発行国債を購入することができる。[37]

このプロセスからも明らかなように、国債は、民間貯蓄によってファイナンスされてはいない。国債をファイナンスしているのは、中央銀行が創造した準備預金である（①）。政府の財政支出は、財政支出額と同額だけ、民間貯蓄をむしろ増やしている（④）。また、民間銀行の日銀当座預金は減ってはいないので（⑤⑥）、銀行の国債購入が金利の上昇を招くことはない。

これが、赤字財政支出に関して、現実に起きていることである。であれば、

図3　国債発行のプロセス

国債発行（財政赤字）が通貨（預金）供給量を増やす

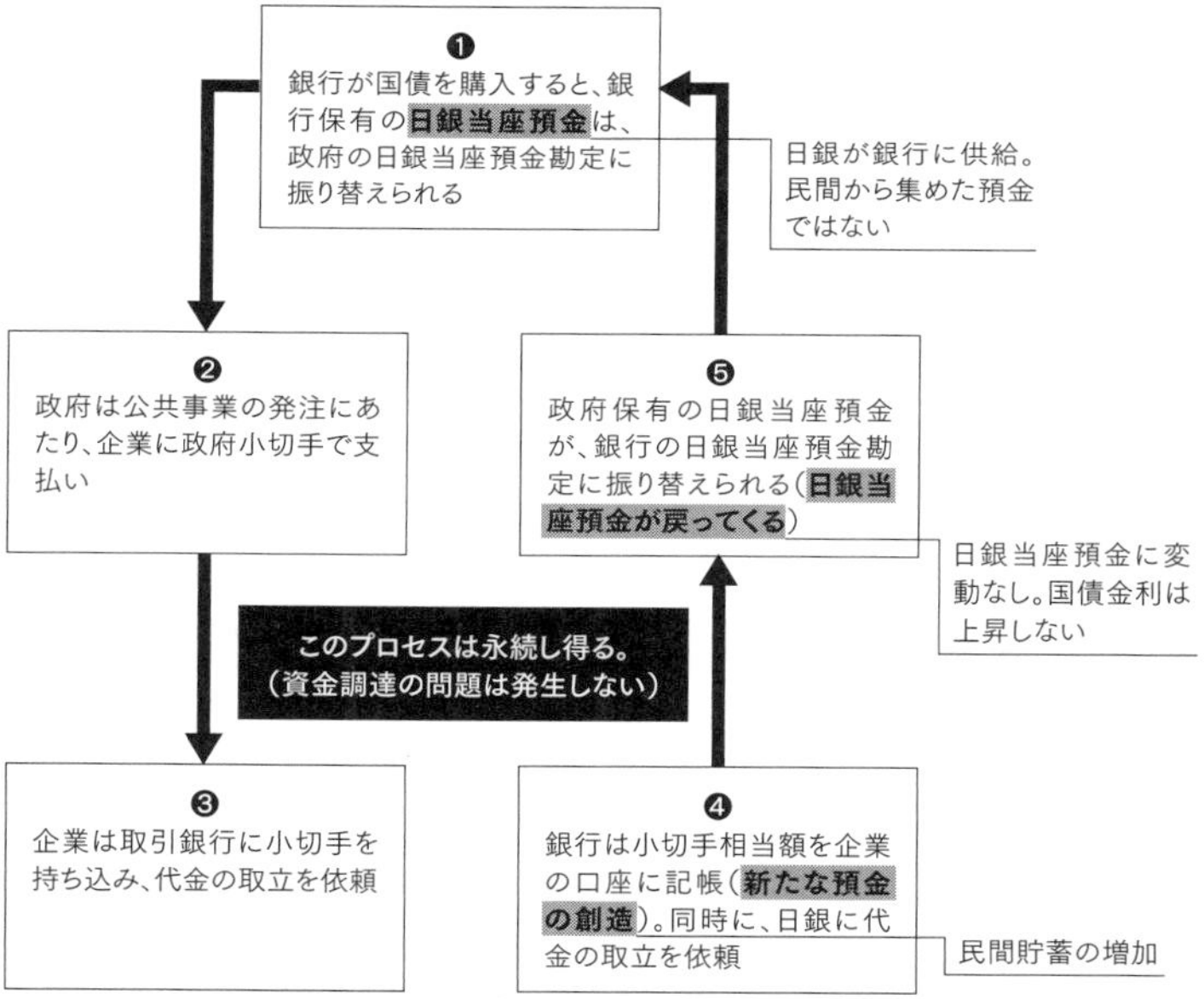
❶
銀行が国債を購入すると、銀行保有の日銀当座預金は、政府の日銀当座預金勘定に振り替えられる
日銀が銀行に供給。民間から集めた預金ではない
❷
政府は公共事業の発注にあたり、企業に政府小切手で支払い
❺
政府保有の日銀当座預金が、銀行の日銀当座預金勘定に振り替えられる（日銀当座預金が戻ってくる）
日銀当座預金に変動なし。国債金利は上昇しない
このプロセスは永続し得る。（資金調達の問題は発生しない）
❸
企業は取引銀行に小切手を持ち込み、代金の取立を依頼
❹
銀行は小切手相当額を企業の口座に記帳（新たな預金の創造）。同時に、日銀に代金の取立を依頼
民間貯蓄の増加

建部正義氏「国債問題と内生的貨幣供給理論」商学論纂第55巻第3号（2014年3月）P.599をもとに作成

主流派経済学の財政理論は、根本的に間違っているということになろう。

「対GDP比の政府債務残高」に意味がない理由

ところが、前章において論じたように、イエレン、サマーズ、ファーマン、ブランシャールなど、積極財政を唱えるようになった主流派経済学者たちは、超低金利下における財政拡張は、財政の持続可能性（対GDP比の政府債務残高）を安定化し、改善するという論拠によって、積極財政を正当化していた。

主流派経済学者たちは、次のように考えているのである。

国債は民間部門の資金によってまかなわれているのだから、政府は、将来の税収によって債務を民間部門に返済しなければならない。だから、財政の持続可能性の指標を、対GDP比の政府債務残高としているのだ。そして、低金利であるということは、返済のコストが低いということであるから、政府債務を増やして財政支出を拡張してもよい。

しかし、主流派経済学は貸付資金説を想定しているから、財政赤字は民間貯蓄によってファイナンスされているという誤解をしているのだ。実際には、財政赤字は、民間貯蓄によってファイナンスされてはいないのである。繰り返すが、財政赤字をファイナンスしているのは、中央銀行が創造した通貨（準備預金）である。中央銀行が通貨を創造できるならば、政府債務を返済できなくなることはない。

したがって、対GDP比の政府債務残高という指標には、特に意味はないということになる。対GDP比の政府債務残高は、財政の持続可能性とは何の関係もないのである。

もっとも、中央銀行が創造できるのは自国通貨に限られるから、外貨建ての対外債務に関しては、政府が返済不能に陥る可能性は残る。

したがって、外貨建ての対外債務に関しては、確かに、持続可能性の指標が必要になるであろう。例えば、国際連合によるSDGグローバル指標は、開発途上国の対外債務の持続可能性の指標を「財及びサービスの輸出に対する債務の割合」（17.4.1）としている。[38]

逆に言えば、自国通貨建ての国債に関しては、返済不能（デフォルト）になることはないということである。[39] こうしたことから、例えば、バーゼル規制（バーゼル銀行監督委員会が公表している銀行の自己資本比率に関する国際的な統一基準）においては、自国通貨建て国債については、格付けの如何にかかわらず、信用リスクをゼロにすることができるとされているのである。[40]

したがって、日本やアメリカ、あるいはイギリスは、国債を自国通貨建てで発行していることから、デフォルトの可能性はない。

ただし、ギリシアやイタリア、あるいはフランスやドイツなどユーロ加盟国は、欧州中央銀行が発行するユーロを採用し、自国通貨を放棄していることから、デフォルトのリスクがある。すなわち、日本は、その対GDP比の政府債務残高がドイツよりもはるかに大きいにもかかわらず、デフォルトのリスクがあるのは、日本ではなく、ドイツの方だということだ。

財政運営の指標は「インフレ率」である

財政赤字をファイナンスしているのは民間貯蓄ではない。自国通貨建て国債の返済不能はあり得ない。だとするならば、財政の持続可能性（対ＧＤＰ比の政府債務残高）を気にかける必要はない。

では、財政運営は、何を基準にして行われるべきなのであろうか。その答えは、１９４３年に**アバ・Ｐ・ラーナー**によって提唱された「機能的財政（functional finance）」によって示されている。[41]

機能的財政とは、簡単に言えば、財政支出、課税の増減、国債の発行といった財政政策を、財政政策が国民経済に与える影響を基準にして運営すべきであるという考え方である。財政政策が国民経済に与える影響が基準となるのであるから、財政運営の指標は、例えば失業率、インフレ率、金利水準といったものになる。

具体的には、失業率が高い場合には、財政支出を拡大したり、減税を行ったりして需要を創出すべきである。逆に、完全雇用を達成し、かつインフレ率を抑制すべき状態にある場合には、財政支出を抑制することになる。あるいは、金利を上げる必要がある場合には、国債を発行し、銀行がそれを購入して準備預金を減らすようにし、逆に、金利を下げたい場合には、中央銀行が国債を購入する。

アバ・Ｐ・ラーナー
Abba P. Lerner（１９０３〜１９８２）。ロシアで生まれ、イギリスで育ち、１９３９年にアメリカに移住して活躍した経済学者。機械工、帽子職人、ヘブライ語教師、中世ラビ語学生を経て、事業にも手を出したあとで、ロンドン・スクール・オブ・エコノミクスに入学。１９３５年にケインズと知り合い、ケインズ主義経済学に転向。フリードマンらが論敵だった。主著に『統制の経済学』（１９４４年）など。

このようにして、財政赤字の大小、課税の軽重、国債発行額の多寡は、対GDP比の政府債務残高ではなく、ましてやプライマリー・バランスでもなく、失業率やインフレ率といった国民経済の状態を基準にして判断されるべきとするのが、「機能的財政」なのである。

例えば、日本は、対GDP比の政府債務残高は世界最大級だが、インフレ率（コアコアCPI）はゼロもしくはマイナスであった。したがって、機能的財政に基づいて判断するならば、日本は、財政支出をもっと拡大できるし、すべきであるということになるのである。

ここに、財政支出を拡大すべき真の理論的根拠がある。

サマーズは、超低金利であることを積極財政の理由としていたが、それはすでに述べたように間違いである。

日本が財政支出を拡大すべきである理由は、インフレ率が極めて低いかマイナスだからであり、かつ、財政支出を拡大すべき分野（貧困対策、防災インフラ整備、パンデミック対策、科学技術振興、教育等々）がいくらでも存在するからだ。そして、対GDP比の政府債務残高もプライマリー・バランスの赤字も、財政運営の指標としては何の意味もないのである。

「財政健全化」のパラドクス

もっとも、機能的財政に基づいてマクロ経済運営を行った場合、結果として、対GDP比の政府債務残高が安定・縮小するということは、言っておく価値があるかもしれない。

なぜなら、政府が、完全雇用とデフレ脱却を目指して財政支出を拡大した場合、総需要が拡大して、イエレンが言った「高圧経済」の状態が生み出される。そうなると、民間企業は設備投資や技術開発投資を活発化させ、労働力はより生産性の高い仕事へと移動し、起業も盛んとなる。その結果、供給力も強化されて、経済は成長する。もし、財政支出を人材、研究開発、インフラ整備など成長を促す分野へと振り向ければ、さらなる経済成長が期待できる。

こうして、経済成長、完全雇用、適度なインフレ率が実現すれば、その後は財政赤字の拡大は不要となり、むしろ抑制すら必要になるかもしれない。

また、経済成長に伴い、金利は上昇するであろうが、好景気に伴う金利上昇それ自体は問題ではない。仮に、もし金利水準が高すぎるということであれば、中央銀行が引き下げればよい。金利は、中央銀行が操作可能であることは、すでに述べたとおりである。

こうしてGDP成長率が金利の上昇率を上回るペースで上昇し、さらに政府債務の伸びが鈍化すれば、対GDP比の政府債務残高は、当然の結果として、安定化し、縮小すらするのである。したがって、機能的財政を忠実に実行すれば、結果として、財政健全化も達成できるということになる。

逆に言えば、過去20年間の日本のように、インフレ率がゼロもしくはマイナスの長期停滞が続いているにもかかわらず、財政支出の抑制につとめ、あまつさえ消費増税などを行えば、低成長ゆえに、対GDP比の政府債務残高が縮小するはずがないということだ。

必要もない財政健全化に固執することで、皮肉なことに、財政の持続可能性を示すはずの指標がかえって悪化し、財政の健全化が遠のいていく。この言わば「財政健全化のパラドクス」というべき状況から抜け出せなくなったのが、我が国なのである。

これに対して、アメリカのバイデン政権の経済政策は、これまで述べたように、その背景となる理論はなお欠陥を孕《はら》んではいるものの、実践としては、積極財政という正しい方向へと大きく転換しようとしている。それゆえ、ポスト・ケインズ派に属するジェームス・ガルブレイスも高く評価したのである。経済学の革命は未だ不十分ではあるかもしれない。しかし、経済政策の静かなる革命は、確かに起きつつある。

第三章

自滅する「資本主義」

「長期停滞」と「社会的な力学の変化」

ローレンス・サマーズが提起した長期停滞という問題は、主流派経済学の理論と政策を転換する契機となった。

とは言え、サマーズの分析は、なお主流派経済学の基本的な理論的枠組みの範囲内に収まっていた。それは、ポスト・ケインズ派が指摘するように、自然利子率や貸付資金説といった誤った想定に基づく分析に過ぎなかったのである。

では、ポスト・ケインズ派は、長期停滞について、どう説明し、どのような処方箋を提示するのであろうか。

ポスト・ケインズ派の一人**エクハルト・ハイン**は、長期停滞の原因は需要不足にあるとし、積極財政という処方箋を導き出したサマーズの議論を評価している。しかし、ハインもやはり、サマーズが立脚する主流派経済学には、理論的な欠陥があると指摘している。

エクハルト・ハイン
Eckhard Hein(1963〜)。ドイツのポスト・ケインズ派の経済学者。ベルリン自由大学／ベルリン経済法学部教授。ウィーン経済大学客員教授、カール・フォン・オシエツキー

その欠陥とは、次の三つである。

第一に、前章における議論の繰り返しとなるが、投資と貯蓄が均衡して完全雇用が達成される自然利子率などというものは存在しない。実際には、投資の決定は、総貯蓄とは独立である。

投資は、まずは貨幣（預金通貨）を無から創造（信用創造）する金融機関を通じてファイナンスされるのであって、先立つ資金源も先立つ貯蓄も必要とはしない。貯蓄が投資を生むのではなく、投資が貯蓄を生むのである。

第二に、主流派経済学は、総需要は潜在成長率には影響を与えないものと考えている。潜在成長率を規定するのは、あくまで供給力であるというのである。

もっとも、サマーズは、総需要の不足によって失業者が増え、供給力がいったん落ちると、それによる潜在成長率の低下が後を引くという「負の履歴効果」があると指摘する。[42]

しかし、その「負の履歴効果」というものは、間接的な影響に過ぎない。

大学経済学部教授、ベルリン国際政治経済研究所（IPE）共同ディレクターなどを経て現職。

実際には、総需要は、もっと直接的に潜在成長率を規定するのである。[43]

第三に、主流派経済学は、制度、そして階級間の社会的な力関係の果たす重要な役割について、十分に考慮していない。

ハインは、以上の欠陥を指摘したうえで、これらの欠陥を克服している「ポスト・ケインズ派」の経済理論に基づき、長期停滞を分析していく。とりわけ、主流派経済学とは異なり、制度や階級間の社会的な力関係、一言で言えば「政治」を考慮に入れていることは、ハインの理論の大きな長所となっている。というのも、以降の議論で明らかにしていくが、過去30年間の金融支配的な資本主義の制度、そしてそれに伴う社会的な力学の変化こそが、長期停滞の原因だったからである。

資本主義経済に内包される「停滞のメカニズム」

サマーズは、長期停滞を論ずるにあたって、１９３０年代の長期停滞を論じたアルヴィン・ハンセンに言及した。これに対して、ハインが持ち出したのは、ハンセンとは異なる理論によって、1930年代のアメリカ経済の停滞を分析した**ジョセフ・シュタインドル**であった。

そこで、ハインの立論を追う前に、まずはシュタインドルの議論を押さえておこう。

シュタインドルは、1952年の『アメリカ資本主義の成熟と停滞』[44]において、1930年代のアメリカ経済の停滞は、ハンセンが論じたような人口増加の停滞を原因とするのではなく、資本主義の成熟段階における寡占化の進行という長期的な構造変化によるものだという議論を展開した。要約すれば、次の通りである。

まず、産業には、競争産業と寡占産業がある。

競争産業においては、不況によって過剰能力が生じた場合、企業は価格の切り下げによって、過剰能力を解消しようとするであろう。

ところが、寡占産業においては、価格競争によって他の企業を駆逐するのは困難である。なぜなら、寡占産業における企業は、相当に高い利潤を有し、持続力があるので、そのような企業を価格競争で駆逐するには、かなり大幅

ジョセフ・シュタインドル
Josef Steindl（1912～1993）。オーストリア生まれのポスト・ケインズ経済学者。スタンフォード大学客員教授。1938年、ドイツにオーストリアが併合されるとイギリスに移住し、オックスフォード大学ベリオル・カレッジの講師になる。その後、ポーランドの経済学者M・カレツキらと研究活動を展開。主著に『小企業と大企業』（1947年）、『アメリカ資本主義の成熟と停滞』（1952年）など。

に価格の切り下げを実行しなければならないからである。

このため、寡占産業における企業は、不況によって過剰能力が生じても、価格切り下げではなく、設備の稼働率の引き下げによって生産量を抑制するなど、能力利用度の低下によって対応しようとする。このため、過剰能力は解消されない。過剰能力が解消されなければ、企業は新たな投資を行うインセンティブを失うので、資本成長率はさらに低下することとなろう。

経済の成熟化によって産業の寡占化が進むと、過剰能力と投資の減退によって資本成長率が低下するという悪循環が生じ、経済は停滞する。1952年の『アメリカ資本主義の成熟と停滞』において、シュタインドルは、このようにアメリカ経済の長期停滞を分析してみせた。シュタインドルは、資本主義経済には、いずれ成熟して停滞するメカニズムが内包されていることを明らかにしようと試みたのであった。

「軍事的緊張」と「経済成長」

ところが、『アメリカ資本主義の成熟と停滞』の出版以降、アメリカ経済は、シュタインドルの理論を裏切って、高度成長を謳歌することとなった。長期停滞は過去のものとなったかに思われた。しかし、1970年代になると、アメリカ経済は、再び経済停滞に悩まされるようになったのである。

なぜ、第二次世界大戦後のアメリカ経済は、1930年代の長期停滞から脱し、高度成長を実現し得たのか。そして、1970年代には、再び停滞に陥ったのか。

シュタインドルがこの問題を論じたのは、1979年の「停滞理論と停滞政策[45]」においてである。そこで彼は、イノベーションと制度的な変化という、『アメリカ資本主義の成熟と停滞』では十分に考察しなかった二つの要因を追加して、議論を展開した。

具体的には、次の通りである。

第一に、戦後のアメリカでは、政府支出が拡大し、それが資本の利用を増大し、民間投資を刺激した。1950年代に追加的に増えたのは、もっぱら東西冷戦の緊張を背景とする軍事支出であったが、後に軍事支出が減少しても、その分、民政支出が増大した。ヨーロッパでも、民政支出、特に公共投資が増大した。

第二に、米ソ超大国同士の緊張が、東西の技術開発競争を激化させ、西側世界で研究開発投資が加速した。研究開発費の多くは軍事関係であったが、それらが技術一般の進歩や民間投資に与えた効果は否定できない。また、戦時中のイノベーションは、戦後の産業にも大きな刺激を与えた。

第三に、冷戦の緊張により、西側諸国はアメリカのリーダーシップの下で連帯した。その結果、マーシャル・プランやOECD（経済協力開発機構）を通じた西側諸国の協力は、国際貿易の拡大につながった。

第四に、ヨーロッパは、先進的なアメリカのノウハウに依拠することで、急速な技術進歩を可能にした。いわゆる「後発の利益」である。

こうした戦後に特有の諸条件が功を奏して、高度成長が実現したというのである。すなわち、アメリカ経済は、世界大戦や冷戦構造、あるいは技術革新といった外生的な要因のおかげで、長期停滞を逃れたという議論である。

低成長を招いた「停滞政策」

しかし、1970年代から、先進国は安定成長期に入っていく。この変化の要因について、シュタインドルは次の五点を挙げている。

第一に、成長期が長く続いたことで、企業の減価償却額がリプレイスの必要額を上回るようになった結果、新規生産能力への投資は償却基金だけで賄われ得るようになり、純投資が停滞した。

第二に、多くの国で、可処分所得に占める貯蓄の割合が増加する傾向がみられた。

第三に、ヨーロッパ諸国の技術進歩がアメリカに追い付いてきたため、「後発の利益」が減少した。

第四に、環境やエネルギーの制約が問題になった。

第五に、低成長時代の最も顕著な特徴として、政府の政策に対する姿勢が大きく変化した。高度成長時代の長期にわたる完全雇用と成長の結果、労働者の経済的地位が向上し、労働組合の交渉力が強化され、労働者階級は政治的な要求を強めていった。このため、大企業や銀行、あるいは中間階級（専門職や経営者等）までもが労働者階級に強く反発するようになり、彼らに支持された政府は、賃金インフレの抑制のためには失業を許容する政策をとるようになった。このような政策をシュタインドルは「停滞政策」と呼ぶ。

高度成長を終わらせたこれらの変化のうち、シュタインドルが特に重視するのは、第五点目の政府の政策に対する姿勢の変化である。その姿勢とは、完全雇用ではなく物価の安定（低インフレ）をマクロ経済政策の目的とする主流派経済学、あるいは新自由主義のイデオロギーのことであることは言うまでもない。「停滞政策」とは、新自由主義的政策のことなのである。

以上の諸要因の変化が、シュタインドルがもともと主張していた寡占化という要因――成熟化し、寡占化が進んだ経済では、寡占産業の企業は、需要不足に対して、価格引き下げではなく、能力利用度の低下によって対応するので、新規投資が行われず、成長が鈍化する――と相まって、1970年代以降の先進国経済は、停滞に陥った。以上がシュタインドルによる診断である。

経済政策の「政治的循環」とは？

シュタインドルは、停滞をもたらした諸要因のうち、五点目、すなわち、「停滞政策」を特に重視したが、この議論に大きな影響を与えたのが、ポスト・ケインズ派の源流の一人と言うべき**ミハウ・カレツキ**の「政治的景気循環」の理論であった。

１９４３年、カレツキは、「完全雇用の政治的側面[46]」という極めて重要な論考を発表した。１９４３年と言えば、奇しくもラーナーが機能的財政論を提唱した年でもある。前章において述べたとおり、機能的財政論とは、財政政策を、予算均衡という観点ではなく、財政政策が国民経済に与える影響を基準にして運営すべきであるという考え方である。この機能的財政論に従えば、失業率が高い場合には、財政支出を拡大したり、減税を行ったりして需要を創出し、完全雇用を達成することが可能になるはずである。

ところが、カレツキは、「完全雇用の政治的側面」において、財政政策による完全雇用の達成は、経済理論上は可能であっても、政治的には不可能であると論じたのである。なぜならば、「産業の主導者」すなわち資本家階級が、積極財政に強硬に反対するからである。

ALBUM-アフロ

ミハウ・カレツキ
Michał Kalecki（１８９９〜１９７０）。ポーランドの経済学者。ポスト・ケインズ派の源流の一人。ロシア帝国治世下のウッジに紡績工場主の息子として生まれる。第一次世界大戦ではポーランド軍に一兵卒として従軍。父親の事業の失敗により苦学を強いられる。理論構築の出発点がマルクス経済学だったことなどから、「左翼のケインズ」とも呼ばれる。１９３３年に発表した論文「景気循環理論概説」では、ケインズが『雇用、利子および貨幣の一般理論』（１９３６年）で示した有効需要理論と近似したモデルを提示していた。統計データや数学的モデルを駆使して問題に取り組んだ初めてのマクロ経済学者でもある。

その反対の理由として、カレツキが挙げたのは、次の三つである。

第一に、自由放任体制では、国民経済のパフォーマンスは民間投資の水準によって決まり、そして民間投資の水準は資本家に依存している。それゆえ、資本家たちは、政府の経済政策に対して大きな影響力を及ぼすことができる。

しかし、もし政府が、財政政策によって国民経済のパフォーマンスを上げることができるならば、資本家たちの政府に対する影響力が減殺される。だから、資本家階級は、政府が経済に介入するのを嫌うのである。

第二に、政府による投資の領域が拡大すれば、民間投資は押しのけられてしまう恐れがある。また、政府による補助は「働かざる者、食うべからず」といった資本主義の倫理に抵触する。

第三に、完全雇用が維持されると、労働者階級の地位が向上し、社会的なパワーが強まる。そうなれば、労働者階級は、賃上げや労働条件の改善を求めて、資本家階級と闘争するようになるであろう。

要するに、資本家階級は自由放任を求め、労働者階級は政府介入による完全雇用を求める。その両者の政治的なパワーのバランスにより、政府の政策が決まるということである。

もちろん、不況は、資本家階級にとっても望ましいものではない。したがって、不況時における政府の積極財政について、資本家階級は、ある程度は、容認するであろう。しかし、完全雇用の状態が維持されるのは、資本家階級にとっては望ましくないので、不況を脱した後、いずれかの段階で、資本家階級は、完全雇用政策に強く反対するようになるのである。

こうしたことから、完全雇用は、一時的には達成されるかもしれないが、長くは続かない。これが、「政治的循環」である。

このカレツキの洞察は、1970年代頃からのケインズ主義に対する攻撃と、新自由主義の台頭を予言しているかのようである。

1960年代までの完全雇用を目指すケインズ主義的な政策は、労働者階級の地位を向上させ、インフレをもたらした。インフレとは、貨幣価値の減少を意味するから、債権者（もっぱら資本家階級）には不利に働き、債務者（もっぱら労働者階級）には有利に働く。また、賃金インフレは、資本家の利潤を圧迫した。

こうしたことから、１９７０年代頃から、資本家階級は逆襲に転じ、完全雇用よりも物価の安定（低インフレ）を優先すべきとする新自由主義へと転換するよう、政治的な圧力を強めたというわけである。

なお、カレツキの「政治的景気循環」の議論について、シュタインドルは、本来は、「循環」というよりは、一方向に長く継続する「傾向」と言った方が適切であろうと述べている。[47]

つまり、今後、政府の経済政策が再び完全雇用を優先させるようになり、停滞期の後にまた成長期が周期的に訪れるような「循環」はないだろうということである。

「金融化」によって経済は停滞する

このように、シュタインドルは、カレツキの影響を受けつつ、政府の経済政策の変化という要因を特に重視したが、エクハルト・ハインは、このカレツキとシュタインドルの議論を踏襲して、現代の長期停滞の要因を「金融化（financialization）」に求めた。

金融化とは、金融部門の支配力が肥大化する現象のことであり、米英においては１９８０年代前半から、その他の国々ではもう少し後から始まっている。

アメリカでは、１９７０年代末から１９８０年代にかけて、新自由主義が台頭し、政策当局は、新自由主義にのっとって、経済政策を実施するようになった。これが、経済の金融化を引き起こしたのである。

まず、ＦＲＢ議長の**ポール・ヴォルカー**がインフレ抑制を目指して高金利政策を断行した。その結果、海外資本が高い金利を求めてアメリカの金融市場に大量に流入した。さらに、アメリカ政府は、自由市場が最適な資源配分を実現するという新自由主義の信念に従って、国内金融市場の規制緩和を実施したので、金融市場はいっそう膨張した。その結果、金融市場は不安定化し、将来に対する不確実性が高まっていった。

不確実性が高まり、かつ高金利の環境下では、企業は、より短期間で投資を回収し、かつ高いリターンを求めざるを得なくなる。このため、非金融法人の経営者は、資金を生産設備から金融資産へと振り向けるようになった。

このように、経済の金融化は、新自由主義的な経済政策によって進んで行っ

ロイター -アフロ

ポール・ヴォルカー

Paul Adolph Volcker, Jr.（１９２７～２０１９）。アメリカの経済学者。ニューヨーク連邦準備銀行総裁や連邦準備制度理事会（ＦＲＢ）議長などを歴任。１９７１年、首席財務次官として、キャンプ・デービッドの合意案を起草し、ブレトン・ウッズ協定による固定為替相場制の廃止に貢献したほか、レーガン政権下のＦＲＢ議長として、政策金利を大幅に引き上げインフレを封じ込めた功績で知られる。

たのである。[48]

では、なぜ金融化が進み、金融部門の支配力が強まると、経済は停滞するのであろうか。これについて、ハインは、次のような経路を指摘する。

第一に、金融部門の支配力が強くなった結果、企業の利益処分は、株主には有利に、労働者には不利に働く。その結果、労働者の所得が低下し、所得に依存する消費需要が抑圧される。

第二に、金融部門の支配力が強まり、企業が短期利益重視・株主重視の経営へと走るようになった結果、資本ストックへの投資が抑圧される。

第一点目は、需要の抑圧であり、第二点目は供給の停滞である。金融化は、需要サイドと供給サイドの両面から、長期停滞をもたらすのである。

なぜ、「イノベーション」は衰退したのか？

この二つの経路のうち、第二点目の供給サイドについては、**ウィリアム・ラゾニック**と**ヤン・ソプ・シン**の研究を参照するのが有益である。[49]

ウィリアム・ラゾニック
William Lazonick（1945〜）。カナダ生まれの経済学者。ハーバードシュタインドルは、『アメリカ資本主義の成熟と停滞』においてはイノベーションを考慮に入れなかった。後の「停滞理論と停滞政策」ではイノベーションを考慮に入れてはいるものの、それを企業組織論の中に組み入れたわけではない。これに対して、ラゾニックらは「イノベーティブな企業の理論」をベースとして、アメリカのイノベーションの興隆と衰退を説明しようとするのである。

ラゾニックらの「イノベーティブな企業の理論」の概要は、次のとおりである。

第一に、イノベーションのためには、技術開発や事業展開のための投資を要する。しかし、投資を行った時点では、そのリターンがどれだけ得られるかは、正確には知りようがない。イノベーションは、「不確実」なのである。「不確実」であるがゆえに、企業は「戦略」を必要とする。

第二に、イノベーションは、多くの人々の技能や努力を統合することで生み出される「集合的」なものである。「集合的」であるがゆえに、企業は「組織」を必要とする。

大学経済学部准教授、トロント大学客員教授、コロンビア大学経済学部教授などを経て、現在、マサチューセッツ大学の経済学名誉教授。「革新的企業の理論」の創始者。著書に、"Organization and Technology in Capitalist Development"（1992年）など。

YONHAP NEWS-アフロ

ヤン・ソプ・シン
Jang-Sup Shin　韓国の経済学者。1986年ソウル国立大学卒業後、韓国の毎日経済新聞副経済編集者を経て、現在、シンガポール国立大学経済学部准教授。

第三に、イノベーションは、今日の学習結果が明日の学習の基盤になるといったような組織的な学習の過程を必要とする「累積的」なものである。「累積的」であるがゆえに、持続的な「金融」を必要とする。

したがって、イノベーティブな企業が備えるべき社会的条件は、「戦略的管理（strategic control）」「組織的統合（organizational integration）」「金融的関与（financial commitment）」の三つとなる。

簡単に言えば、イノベーティブな投資のために生産資源を戦略的に配分し、人々を戦略目標に向けて動員するために組織をまとめあげ、学習の蓄積を可能にするために資金を持続的に供給し続ける。それが可能となるような組織が、イノベーティブな企業である。

こうした条件を備えた企業組織は、利益を内部留保し、それを組織能力の向上のために再投資する「内部留保と再投資（retain-and-reinvestment）」を行う。

イノベーションとは、価値の創造である。したがって、「戦略的管理」「組織的統合」「金融的関与」を備え、「内部留保と再投資」を行う企業組織とは、「価値創造（value creation）」の制度だと言うことができる。

株式市場は「価値抜き取り」の制度である

企業組織が「価値創造」の制度であるのに対し、株式市場は「価値創造」ではなく、「価値抜き取り（value extraction）」の制度であるとラゾニックらは言う。

一般的には、株式市場の主たる機能は、企業が生産能力への投資を行うための資金を供給し、価値を創造するための制度であると信じられている。しかし、ラゾニックらは、この通説を否定し、株式市場は、企業から価値を抜き取る制度に過ぎないと主張する。株式市場が企業に資金を供給しているのではなく、企業が株式市場に資金を供給しているというのである。

企業組織が価値を創造し、株式市場は価値を抜き取る。

企業組織が株式市場に対して優位であれば、経済は価値創造的、イノベーティブなものとなる。しかし、それが逆転し、株式市場が企業組織に対して優位になれば、イノベーションは鈍化し、価値は創造されなくなる。

ラゾニックらは、1970年代から80年代頃に、この逆転が起きて、株式市場が企業組織に対して支配的になったことで、価値創造が困難になったと主張する。これが、金融化による長期停滞の制度的な背景であるということだ。

企業組織の「行動原理」の変質

その歴史的な経緯は、アメリカのケースで言えば、次の通りである。

1960年代頃まで、アメリカの企業組織では、組織能力を向上するために「内部留保と再投資」を行う戦略的管理が行われており、価値が創造されていた。しかし、その一方で、この時期には、「内部留保と再投資」のパターンを崩壊させるような芽も生まれつつあった。

その芽とは、「良き経営者は、いかなる種類のビジネスの経営にも成功する」といったイデオロギーが、ビジネススクールを通じて次第に広まっていったことである。このイデオロギーが蔓延した結果、経営者たちは事業の多角化やコングロマリット化に積極的となり、1960年代に「企業合同運動」が起きた。

しかし、1970年代に入ると、アメリカの多くの企業組織は、コングロマリット化が進み過ぎた結果、過度に集権的となって、イノベーティブな組織能力が低下した。

シュタインドルが、産業の寡占化が能力利用度の低下と投資の鈍化を招くという理論を展開したのに対し、ラゾニックらは、コングロマリット企業が戦略的支配に失敗し、資源をうまく再配置できなくなったことが問題であったとしている。また、企業はM&Aを進めるための資金を金融機関に依存したため、コングロマリット化は、企業の債務依存度を高めるという結果をも招いた。

こうした中、1960年代の株式市場のバブルが1970年に崩壊すると、行き過ぎたコングロマリット化の弊害が顕著になり、金融市場からの圧力もあって、企業合同から一転して、今度は、企業分割がブームとなった。

さらに1980年代には、企業を分割して売り飛ばし、利益を抜き取る敵対的買収が盛んとなった。そして、分割した企業をばらばらにして高く売り飛ばすため、労働者をリストラして、株価や配当を吊り上げるといったことが行われるようになった。その結果、企業組織の行動原理は、かつての「内部留保と再投資」から「削減と配当（downsize-and-distribute)」へと変化したのである。

ビジネススクールを通じて流布されたイデオロギーとは？

この「内部留保と再投資」から「削減と配当」への転換を正当化したのが、1970年代から80年代にかけて台頭した「株主価値最大化」というイデオロギーであった。

この「株主価値最大化」のイデオロギーのベースにあったのも、市場原理主義・新自由主義であり、そして主流派経済学の市場理論であった。

主流派経済学は、資源を効率的に配分する市場原理を前提とする理論であるが、「イノベーティブな企業の理論」を欠いている。そういう理論からすれば、資源配分は、企業組織の「内部留保と再投資」ではなく、株式市場に委ねるべきだということになる。そうすれば、株価は、価格メカニズムを通じて、企業の価値を正確に反映し、株式の売買を通じて資源の効率配分が達成し得るはずだというのだ。

企業は労働力を削減し、利益を株主に分配することで、労働も金融も市場に委ねれば、資本も労働も市場原理によって、最も効率的に配分されるであろう。このような理論によって、「株主価値最大化」と「削減と配当」は正当化されたのである。

1970年代から80年代にかけて、「株主価値最大化」のイデオロギーは、ビジネススクールを通じて、経営者たちに蔓延していくと同時に、このイデオロギーに基づく制度改革が行われた。

例えば、1982年、アメリカの証券取引委員会（SEC）は規則10b-18を制定し、自社株買いを容易にした。経営者は、報酬の一部を自社株で受け取るストックオプションを利用すれば、自社株買いによって株価を吊り上げ、自らの報酬を増やすことができる。自社株買いは、経営者の経営目的を「株主価値最大化」へと振り向ける強力な制度となった。

また、1978年から79年にかけて、キャピタルゲイン課税の最高税率が約40％から28％へと引き下げられ、1981年には、さらに20％まで引き下げられた。

「イノベーション」から「投機」「操作」へ

さらに、1979年に、従業者退職所得保障法（ERISA法）が改変された。

同法は、それまで年金基金の運営者に対して、投資に関する善管注意義務に従わない場合には個人的責任を負うように定めていたが、その善管注意義務が緩められたため、投機的な投資が可能となり、巨額の年金基金からの資金がシリコンバレーのベンチャー・キャピタルへと流れ込んだ。

このシリコンバレー式のベンチャー・キャピタル・モデルは、1990年代には全米に広がり、株式市場は投機化した。それが、1990年代後半のいわゆる「ITバブル」を生み出したのである。

投機化した株式市場では、何の製品も生み出していない企業であっても、株式公開（IPO）によって、経営者やベンチャー・キャピタリストに巨額の利益をもたらし得る。まさに「価値創造」ではなく、「価値抜き取り」の制度の典型である。こうした一連の制度改革と「株主価値最大化」のイデオロギーの結果、株式市場を動かす原動力は、「イノベーション」から「投機」、さらには「操作」へと変わっていったとラゾニックらは指摘している。

ラゾニックらの説明は次の通りである。当初は、確かに、何らかの「イノベーション」を起こした企業が株式公開を行っていた。ところが、1990年代後半のITバブルによって、企業の株価は、イノベーションではなく、「投機」によって高騰した。しかし、2000年にITバブルが崩壊すると、今度は、企業は自社株買いを積極的に行って、株価を「操作」した。

こうして、株主と経営者は、ITバブル崩壊後も、株による巨額の利益を確保した。2000年代以降、株式市場を動かしているのは、「イノベーション」ではなく、「操作」となっているのである。

企業の行動原理が、「内部留保と再投資」ではなく、「削減と配当」そして株価の「操作」となり、「価値創造」から「価値抜き取り」へと変化すれば、当然の帰結として、企業組織はイノベーションを起こすことが困難になる。

前章において見たように、ロバート・ゴードンは1970年代以降のアメリカの生産性が鈍化し、コンピュータなどデジタル技術が引き起こした第三次産業革命も、その生産性向上の効果は1996年から2004年までしか続かなかったと論じた。その理由の一端は、ラゾニックらの議論によって明らかとなったであろう。

1970年代から80年代以降、アメリカの企業組織は、「価値創造」に必要な「内部留保と再投資」を行わず、「削減と配当」によって「価値抜き取り」に勤しんできたからである。こうして、金融化は、長期停滞を引き起こしたのである。

ちなみに我が国もまた、2000年代以降、このアメリカの株主重視・短期的利益重視の経営を模範として、数々の制度改変やコーポレートガバナンス改革を進めてきた。その結果、金融化が進み、非金融・保険業における資本ストックの停滞を招いている。[50]

「グローバリゼーション」と「イノベーション」

労働者階級の社会的パワーを弱体化させたのは、金融化だけではない。財や貿易のグローバリゼーションもまた、大きな役割を果たしている。

第二次世界大戦後から十数年間、国家間の輸送コストや通信コストが高く、貿易の障壁となっていた頃、企業は、国内の単位当たりの労働コストの高さを克服するために、イノベーションを追求し、生産性を向上させようとしていた。

しかし、多国籍企業が発達し、国家間の貿易障壁が下がってくると、企業は、国内の単位当たりの労働コストを下げるため、国内の生産性を向上させるのではなく、海外へのアウトソーシングを進めるようになった。すなわち、海外から安価な財や労働力を輸入したり、安価な労働力を獲得できる外国に生産拠点を移転させたりするようになったのである。

企業がイノベーションを進め、国内の生産性を向上させようとするならば、国内経済は成長し、国内の労働者の生活水準も向上するであろう。しかし、アウトソーシングは、国内経済の成長や国内労働者の所得の向上には貢献しない。[51]

このグローバリゼーションが可能にしたアウトソーシングは、当然のことながら、労働者階級の社会的パワーを弱体化させる。労働組合が賃上げや雇用条件の改善を要求するならば、企業は、労働コストの低い外国へと生産拠点を移転させればよいからである。実際に生産拠点を海外に移転せずとも、そのように脅すだけで、雇用の喪失を恐れる労働組合はその要求を撤回せざるを得なくなるであろう。

エンゲルバート・ストックハマーは、1970年代以降の賃金分配率の低下の原因を探るため、71ヵ国（先進国28ヵ国と開発途上国43ヵ国）について分析を行った。その結果、賃金分配率の低下の最も大きな原因は「金融化」であり、「（貿易と労働の）グローバリゼーション」と「福祉国家の後退」がそれに続いた。なお、「技術変化」による影響は、他の三つの要因と比べると、相対的には小さかった。[52]

エンゲルバート・ストックハマー Engelbert Stockhammer キングス・カレッジ・ロンドン国際政治経済教授。ウィーン経済大学、キングストン大学、ドイツ経済研究所、ドイツのマーストリヒト大学などを経て、2018年から現職。ヨーロッパの金融化、経済政策などの問題について、政治経済学とマクロ経済学の研究を行っている。

こうして見ると、金融化とグローバリゼーションは、労働者階級のパワーを弱体化させ、賃金の低下を通じて需要を抑圧し、長期停滞を引き起こしたと結論づけてもよいであろう。

「金融化」がもたらした世界経済の歪み

この金融化やグローバリゼーションは、もちろん、アメリカだけの問題ではない。ハインは、金融支配の資本主義によって、世界経済には、二つの経済成長のレジームが生じたと論じている。

一つは、「債務主導消費」レジームである。

金融化によって、消費は、労働による所得ではなく、資産や債務に依存するようになった。すなわち、金融商品の発達により、低所得者であっても債務を拡大することで消費を増やせるようになったのである。

その結果、家計における債務比率が高まっていく。金融市場がブームになり、楽観が支配するようになれば、人々は、債務を増やして消費を拡大するようになる。こうして経済は成長する。これがアメリカ、イギリス、スペインなどで成立した「債務主導消費」レジームである。

もう一つのレジームは、ドイツ、中国、日本、そしていくつかの開放的な小国において成立した「輸出主導重商主義」レジームの国々は、純輸出の拡大によって、経済成長を実現しようとする。輸出競争力を強化するため、国内の労働者の賃金は上昇しないようにする必要がある。このため、「輸出主導重商主義」レジームの国々では、賃金が伸び悩み、内需は抑圧される。

「輸出主導重商主義」レジームの国々の輸出先は、債務の拡大によって消費を増やしている「債務主導消費」レジームの国々である。言うまでもなく、「債務主導消費」レジームの国々では、経常収支は赤字であるが、国際資本市場の自由化によって資金が流入するようになったため、その経常収支赤字を持続し、拡大することが許容されるようになった。

しかし、「債務主導消費」レジームであれ、「輸出主導重商主義」レジームであれ、いずれにおいても、資本ストックへの投資が不足することとなる。なぜなら、資本ストックの代わりに、債務あるいは純輸出を増やすことで利益を拡大できてしまうレジームだからである。

だが、資本ストックへの投資が増加しなければ、生産性の向上は望めず、潜在成長率は上昇しない。こうして、金融化が生み出した「債務主導消費」と「輸出主導重商主義」の二つのレジームは、いずれも長期停滞を生み出したのである。

「持続可能性」を欠いた金融資本主義

さらに問題なことに、「債務主導消費」レジームにおける消費需要の拡大は、金融市場のバブルによる民間債務の増大によって可能となるものであるが、バブルはいずれ破裂するのである。

バブルが崩壊すれば、「輸出主導重商主義」レジームの成長も困難になる。それが典型的に起きたのが、２００７年から08年にかけての住宅バブルの崩壊とリーマン・ショック、すなわち世界金融危機であった。つまり、金融化した資本主義における経済成長は、低水準にとどまるというだけではなく、持続可能性を欠いているのである。[53]

では、以上のような長期停滞の診断に基づくハインの処方箋は、どのようなものか。彼は、次の五つを提言している。

第一に、有効需要の成長を安定化させるために、裁量的で反循環的な財政政策[54]とともに、公共支出を安定的に増やすことで、民間需要に悪影響を及ぼすデフレーションを防ぎ、民間部門の投資や消費のための環境を改善することである。

第二に、民間投資や民間の研究開発を刺激するために、インフラ、技術、教育、研究開発に焦点を当てた公共投資を増大することである。

第三に、労働者階級のバーゲニング・パワー（政治的・社会的な交渉力）を強化し、労働分配率を安定的に高める完全雇用政策、低金利政策、金融階級や株主の力を制限する金融部門の規制強化を実施することである。

第四に、所得再分配、累進課税、社会的移転支出、不確実性の低減などの政策によって、家計の貯蓄性向を引き下げ、消費を促すことである。

第五に、経常収支の深刻な不均衡、近隣窮乏化策、外貨建て債務の増大を回避するために、国際的な経済政策の協力を進めることである。[55]

以上が、ハインの示す政策的含意である。

ちなみに、過去20年間、我が国が「構造改革」と称して行ってきた経済政策は、低金利政策を除いて、ことごとく、ハインの政策提言と相反する新自由主義的政策、あるいはシュタインドルの言う「停滞政策」であると言ってよい。停滞政策を続けているのだから、我が国が長期停滞に陥っているのには、何の不思議もないのである。

「非伝統的」金融政策の誤謬

ハインの主張は、積極的な財政政策を解とするという点において、サマーズの議論と共通している。

また、ハインの議論は、決して供給サイドを無視したものではない。実際、ハインは、インフラ、技術、教育、研究開発に焦点を当てた公共投資を提言するが、それは将来的な供給サイドの強化にも資する政策であろう。

さらに、ハインの長期停滞論は、ラゾニックらの金融化による「価値抜き取り」の議論によって補強することで、生産性の低下に焦点を当てたゴードンの供給サイド説を組み込むこともできる。

こうしたことから、おそらく、ハインは、バイデン政権の財政主導の経済政策についても高く評価しているのではないだろうか。

しかし、政策的な処方箋という点では同じであるからと言って、サマーズらが依拠する主流派経済学の欠陥を不問に付してよいというわけではない。というのも、自然利子率や貸付資金説といった主流派経済学の誤った金融理論は、誤った金融政策を導き出し、現実の経済に悪影響を及ぼしているからだ。

これについて、ポスト・ケインズ派の**トーマス・パリー**は、次のように論じている。

主流派経済学は、長期停滞の原因は、自然利子率が名目金利のゼロ下限を下回り、実質利子率が自然利子率を上回ったことにあると診断する。主流派

トーマス・パリー
Thomas I. Palley（1956〜）。アメリカのポスト・ケインズ派の経済学者。イェール大学で経済学博士号を取得。米中経済安保委員会のチーフエコノミストを務めた。主著に

経済学者の中には、この診断に基づいて、量的緩和政策やマイナス金利政策によって、実質利子率を引き下げるという処方箋を提示する者もいる。いわゆる「非伝統的政策」と呼ばれる政策である。

実際、アメリカのＦＲＢはリーマン・ショック後に量的緩和政策を導入し、欧州中央銀行と日本銀行もまた、量的緩和政策とマイナス金利政策を両方とも実施した。非伝統的政策の実験が行われたようなものである。

この非伝統的政策は、主流派経済学の自然利子率の概念や貸付資金説から導き出されたものである。しかし、すでに述べたように、自然利子率などというものは存在せず、貸付資金説は間違っている。実際には、新規投資の需要は、貯蓄とは独立に決まるのである。

「異次元の金融緩和」がもたらしたリスク

では、新規投資の需要は、どのようにして決まるのであろうか。

これについて、ポスト・ケインズ派は、ケインズが「アニマル・スピリット（血気）」と呼んだ企業家精神、あるいは将来への期待といった主観的な

"Post Keynesian Economics: Debt, Distribution, and the Macro Economy."（1996年）など。

要素が果たす役割を重視する。

不確実性が高まると、企業の期待が悲観的になり、アニマル・スピリットが低下して、企業の投資意欲が減退する。そうなると、企業は、極めて低金利で資金を調達できたとしても、その資金は新規投資よりも、非生産的な金融資産(例えば、貨幣、不動産、貴金属、芸術品、知的財産権など)の保有へと振り向けてしまうであろう。

つまり、新規の投資が増えないだけではなく、金融資産、とりわけリスクの高い資産の価格上昇という弊害をもたらすのである。新規投資の不足により長期停滞がさらに長引くだけではなく、リスクの高い金融資産の価格上昇はバブルとなり、金融の不安定化を招くであろう。[56]

実際、日米欧いずれにおいても、非伝統的政策の実験は、長期停滞からの脱出に失敗した。賃金や物価の低迷や下落を克服できなかったばかりか、資産価格だけが上昇し、資産バブルが懸念されるという歪な状態を作り出してしまったのである。

しかし、非伝統的な金融政策とは異なり、財政政策であれば、アニマル・

スピリットを喚起することができる。

政府による確実な需要の創出が、不確実性を低下させるからである。とりわけ、インフラ、技術、教育、研究開発に焦点を当てた公共投資や産業政策は、企業に長期に及ぶ見通しを与え、不確実性をいっそう低下させ、民間企業のより長期的な設備投資や技術開発投資を促進するであろう。ポスト・ケインズ派が、財政政策を重視する所以である。

もはや「経済」の問題ではなく、「政治」の問題である

ハインの長期停滞論の利点は、自然利子率や貸付資金説といった誤った理論に依拠していないというだけではない。

それは、政策や制度、資本主義の様態、あるいは階級間の社会的な力関係といった政治的・社会的な諸要因を重視し、これらを総合的かつ広範に考慮する点においても、サマーズら主流派経済学者の議論よりはるかに優れている。

また、長期停滞という現象は、制度や社会的な力関係の是正という難しい社会変革を実行しなければ、到底、打破できるものではないということをハインの議論は含意している。

確かに、サマーズが主張するように、総需要不足を解消し、インフラや研究開発など経済成長を促す分野への積極的な公共投資が不可欠であるのは事実である。しかし、ハインの議論が正しければ、長期停滞は、それだけで解決できるほど生易しい問題ではないということになる。

特に難しいのは、カレツキが論じた資本主義の政治的側面、すなわち階級間の政治的・社会的な力関係の問題である。

例えば、ハインの政策提言には、公共投資の拡大が含まれるが、それはカレツキが論じたように、労働者階級の政治的・社会的なパワーを強めることから、産業界に忌避されるであろう。

また、ハインは、労働分配率を安定的に高める完全雇用政策、低金利政策、金融階級や株主の力を制限する金融部門の規制強化、さらには所得再分配や累進課税などを提言するが、どれも、労働者階級のパワーを強め、経営者層、さらには金融階級の利益を損なう結果をもたらすものばかりである。

「債務主導消費」レジームであれ、「輸出主導重商主義」レジームであれ、いずれも賃金を抑圧し、労働者階級の政治的・社会的パワーを弱体化させるものであり、金融階級にとっては好ましいレジームである。それゆえ、金融階級は、その政治的なパワーを使って、これらのレジームを支えることとなる。

ということは、金融階級の政治的支配を打破しなければ、ハインの提言する政策は実行できず、長期停滞を脱することはできないはずである。要するに、金融階級が支配するレジームの転換は、もはや経済の問題ではなく、政治の問題となっているのである。

世界経済の「構造的な問題」

さらに言えば、ハインが経常収支の深刻な不均衡を是正するための国際的な経済政策の協力を提言しているように、この問題は、一国だけで解決できる問題ではない。長期停滞は、世界経済の構造的な問題でもあるのだ。

具体的には、次の通りである。

1980年代以降に顕著になった新自由主義に基づく経済政策により、アメリカやイギリスの資本主義の金融化が進み、さらに1990年代以降に進展したグローバリゼーションによって、金融化は世界経済に拡大した。その結果、世界経済には、ハインの指摘するような「債務主導消費」レジームと「輸出主導重商主義」レジームの二つのタイプが成立した。

特に、1997年のアジア通貨危機時に資本流出という苦い経験をしたアジア諸国は、いっそう準備通貨ドルの保有を追求するようになり、経常収支黒字の拡大を目指し、国内の消費と賃金を抑圧する「輸出主導重商主義」レジームを強化した。

その結果、これらの国々がため込んだ膨大なドルは、その運用先である安全なドル資産を求めて、アメリカに流入した。さらに、これらの国々からは、国内消費の抑圧により供給過剰となった生産品がアメリカに流入することとなった。

これに対して、アメリカは、本来であれば、流入するドルに対して安全な運用先を提供すべく国債を発行するとともに、財政支出を拡大して、国内の製造業の強化、インフラの整備、所得再配分による格差の是正を推し進めるべきであった。国内の製造業が強化されれば、輸入に代替されずに雇用が確保されただろうし、賃金も上昇するので、国民の債務への依存を減らすこともできたであろう。

しかし、アメリカ政府は、そうはしなかった。つまり、国債の発行や政府支出が十分ではなかったのだ。

その結果、海外の過剰なドルは、住宅ローン担保証券など、国債以外の安全なドル資産を求めていった。その旺盛なドル資産需要に応じるべく、欧米の金融機関は、信用基準を緩めてまで、住宅ローン担保証券を大量に供給したのである。

これが、住宅バブルを生み、アメリカの消費者は、住宅バブルによる楽観に支配されて、債務を増やし、消費を拡大した。そして、その拡大した消費に向けて、「輸出主導重商主義」レジームの国々は輸出を拡大した。アメリカの住宅バブルの上に成り立つ「債務主導消費」レジームと「輸出主導重商主義」レジーム。これは、明らかに歪な構造であった。

リーマン・ショックで強化された「歪み」

しかし、その住宅バブルは、2007年に崩壊して、サブプライム危機そして翌年のリーマン・ショックを招き、世界金融危機の引き金を引くこととなったのである。

2008年の世界金融危機は、本来であれば、その原因となった歪な世界経済の構造――「輸出主導重商主義」レジームの過剰貯蓄と「債務主導消費」レジームの過剰支出――を是正する契機となるべきであった。

すなわち、アメリカをはじめとする「債務主導消費」レジームの国々は、国内生産を増やし、債務を返済すべきであり、「輸出主導重商主義」レジームは逆に国内消費を拡大すべきであったのである。しかし、そうはならなかった。レジームは維持されたのである。

我が国も、その「輸出主導重商主義」レジームを、2008年の世界金融危機後もなお維持するどころか、むしろ強化しようとしてきた。具体的には、TPP（環太平洋経済連携協定）などの経済連携協定によって海外市場の獲得を目指す一方で、消費税の税率を二度にわたって引き上げ、国内消費を抑圧した。

ちなみに、筆者が2011年に発表した『TPP亡国論』の主眼は、この「輸出主導重商主義」レジームに対する批判にあったのだが、残念ながら、そのことは、当時、ほとんど理解されなかったのである。[57]

こうして、「輸出主導重商主義」レジームの国々からの資金は、相変わらずアメリカへと流入し、ドル高を招いた。ドル高はアメリカの家計の購買力を高めたが、より安価になった輸入品が大量に流入したために、国内産業はいっそう打撃を受け、失業者が増えた。失業の増大は、所得の減少そして貯蓄率の低下をもたらした。

日米欧の中央銀行は、量的緩和という非伝統的な金融政策によってこれに対処できると考えたが、量的緩和は海外資金の流入とあいまって、金融資産の価格だけを上昇させた。[58] こうして、世界金融危機以降、アメリカの「債務主導消費」レジームはかえって強化され、世界経済の不均衡はいっそう悪化することとなったのである。

なぜ、「基軸通貨ドル」がアメリカにとって「法外な重荷」なのか？

なぜ、世界経済の不均衡は、世界金融危機によっても是正されなかったのであろうか。これについて、**マシュー・クレイン**と**マイケル・ペティス**は、ドルがいわゆる基軸通貨（主要な準備通貨）であるという要因を重視している。

かつてフランスの**ヴァレリー・ジスカールデスタン**財務相（当時）が、ドルを「法外な特権」と呼んだように、一般的には、基軸通貨を保有する国は、国際経済において優位な地位を享受しているものと信じられている。

というのも、基軸通貨であるドルには、貿易・金融取引や外貨準備の需要

マシュー・クレイン
Matthew C. Klein アメリカの週刊投資金融専門紙「バロンズ」の経済論説担当。「ニューヨーク・タイムズ」などにも寄稿。イェール大学（歴史学専攻）卒業後、外交問題評議会での勤務を経てジャーナリズムの世界に入る。著書に、マイケル・ペティスとの共著『貿易戦争は階級闘争である』（2020年）など。

TASS-アフロ

マイケル・ペティス
Michael Pettis 北京大学光華管理学院（ビジネススクール）教授（財政・金融）。カーネギー国際平和基金のシニアフェローも務め、中国の金融市場に関するコラムを同財団サイトに寄稿。コロンビア大学院でMBA取得。

が常に存在するからだ。このため、アメリカは、経常収支赤字になっても、自国通貨（ドル）建ての対外債務を増加させることで、緊縮策による政策調整を行わずに済む。これが、アメリカの「法外な特権」とされたのである。

だが、クレインとペティスに言わせれば、アメリカにとって、ドルは「法外な特権」というよりは、「法外な重荷」と呼ぶべきものであった。

その理由は、次の通りである。

本来であれば、国内消費を抑圧し、生産過剰を生み出している「輸出主導重商主義」レジームの国々は、供給過剰によるデフレというコストを自国で支払わなければならないはずである。さもなければ、その過剰な生産を輸出として他の国々に振り向けるしかない。いわゆる「失業の輸出」である。

しかし、他国の失業を好んで輸入するような国はどこにもないであろう。にもかかわらず、「失業の輸出」を行えば、それは当然の結果として、国家間の貿易摩擦をもたらすに違いない。

要するに、輸出主導の成長モデルは、持続可能ではないのである。したがって、「輸出主導重商主義」レジームの国は、積極的な財政政策によって国

ロイター - アフロ

ヴァレリー・ジスカールデスタン Valéry Giscard d'Estaing（1926〜2020）。フランスの政治家。財務相などを経て第20代大統領（1974〜1981）。フランス大統領として、サミット（先進国首脳会議）の開催を主導し、第1回サミットでは、石油危機への対応などで一定の成果を収めた。

内消費を拡大するか、生産を抑制するという政策調整を行うことになるはずであった。

ところが、基軸通貨国のアメリカが、「輸出主導重商主義」レジームの国々の過剰な生産や貯蓄を吸収してしまうのである。おかげで、「輸出主導重商主義」レジームの国々は、国内政策の調整コストを支払わなくて済んでいる。言い換えれば、アメリカは、他国の過剰生産や過剰貯蓄のはけ口になるという、かつての植民地のような状態に置かれているのである。しかし、皮肉なことに、このアメリカの植民地状態は、ドルが基軸通貨であるがゆえにもたらされたのであった。

「国家」間の問題ではなく、「階級」間の問題である

さらにクレインとペティスは、この世界経済の不均衡は、経常収支の赤字国と黒字国という「国家」間の問題ではなく、「階級」間の問題であるとも

主張している。階級とは、金融機関や金融資産の保有者と、それ以外の一般国民のことである。[59]

なぜならば、ドイツ、中国あるいは日本といった「輸出主導重商主義」レジームの国々では、輸出競争力を強化するために賃金が抑圧され、所得が伸びず、消費も抑圧されている。アメリカなどの「債務主導消費」レジームの国々においても、賃金は抑圧されている。

他方で、低インフレにより貨幣価値が安定している上、金融資産の価格は上昇するので、金融機関や金融資産の保有者は富をいっそう増やすことができる。しかも、仮に資産バブルが崩壊したとしても、政府や中央銀行が金融機関を救済してくれるのである。

こうして、「輸出主導重商主義」レジームと「債務主導消費」レジームの双方において、金融機関と金融資産の保有者、要するに富裕層のみが恩恵を享受し、所得格差が拡大することとなったのである。

以上のように、「輸出主導重商主義」にせよ、「債務主導消費」にせよ、金融の不安定化と長期停滞をもたらす破綻したレジームであることは明らかである。したがって、少なくとも理論的には、このレジームを改革すれば、世界経済の不均衡は解消されるはずである。

だが、クレインとペティスが主張するように、この世界経済の不均衡が、金融機関や金融資産の保有者と、それ以外の一般国民との「階級」間の問題だとするならば、レジームの改革は、この階級の問題によって妨げられることになる。

なぜなら、かつてカレツキが「完全雇用の政治的側面」において論じたように、現行のレジームの恩恵を受けている金融階級は、レジームの改革に反対し、政治的に抵抗するであろうからだ。しかも、この問題の「政治的側面」は、一国内にとどまらず、国際的である。

実際、この世界経済の不均衡は、2008年の世界金融危機の勃発によって、その問題が理論的には明白になっていたにもかかわらず、その後、10年以上にわたって、解消されなかった。それは、この問題がはらむ国際的な政治的側面ゆえであろう。

画期的な「G7首脳コミュニケ」

しかし、第一章で述べたように、バイデン政権下のアメリカは、国内の製造業の強化、インフラの整備、所得再配分による格差の是正といった、本来、進めるべき経済政策へと舵を切ろうとしている。さらに国際的にも、例えば、2021年6月のコーンウォール・サミットでは、G7首脳コミュニケの中で、次のように謳われたのである。

我々がパンデミックの最中に実施した12兆ドルの支援を基礎として、回復計画を前進させることにより、我々の経済を再活性化する。我々は、必要な期間にわたり経済への支援を継続し、我々の焦点を、危機対応から移行し、年齢、民族又は性別にかかわらず、いかなる場所も人々も取り残されることのないように、雇用を創出し、インフラへ投資し、イノベーションを推進し、人々を支援し、レベルアップさせる計画を伴う、将来に向けた成長の促進に移行させる。過去の世界的な危機においてはこのようになされたわけではなく、我々は、今回は異なるものとすべく決意している。[60]

要するに、2008年の世界金融危機の時のような不十分な財政政策ではなく、より大規模、かつ長期的な成長に資する財政支出の拡大が必要だと宣言しているのである。

もちろん、日本やドイツのように、未だに財政健全化に固執して積極財政による内需拡大を忌避し、輸出の拡大に期待する「輸出主導重商主義」レジームの国々が、このG7首脳コミュニケの内容をどの程度誠実に実行するのかは、定かではない。

また、アメリカの「米国雇用計画」も、議会によって後退させられた。多国間の合意によって、「輸出主導重商主義」と「債務主導消費」の不均衡な構造を是正するのは、容易ではない。

とは言え、このコーンウォール・サミットのコミュニケにあるように、過去の世界的な危機においてはなされなかった政策を実行する必要性について、G7の首脳が認めたことの意義は大きい。

しかしながら、クレインとペティス、あるいはそれ以前にカレツキが論じたように、経済政策の背景には階級という政治的問題が、依然として横たわっている。したがって、階級の問題を片付けなければ、経済政策を転換することはできないはずである。

自滅へと向かう「資本主義」

そうだとするならば、このバイデン政権やG7の政策転換の背後には、この階級の問題を動かすような、何らかの政治的な変動があったはずである。その政治的な変動とは、何だったのであろうか。その答えを探るのが、次章の課題であるが、その前に本章の議論が浮かび上がらせた、資本主義の奇妙な性格について、注意を促しておきたい。

シュタインドルが論じたように、戦前に停滞に陥っていた資本主義が、戦後になって高度成長を実現し得たのは、政府が支出を拡大し、完全雇用を目指すようになったからであった。**シュンペーター**的に言えば、資本主義は、戦後に「酸素吸入器」が取り付けられたことで、生き永らえたということで

GRANGER.COM-アフロ

ジョセフ・A・シュンペーター
Joseph A. Schumpeter（1883～1950）。オーストリア・ハンガリー帝国（後のチェコ）生まれの経済学者。グラーツ大学教授などを経て、1919年にオーストリア共和国大蔵大臣に就任するも同年辞職。ビーダーマン銀行頭取に就任するが、同銀行が経営危機に陥ったため解任され、巨額の借金を負う。その後、ボン大学教授、ハーバード大学教授を歴任。不断のイノベーションが経済を変動させるという理論を構築したほか、経済成長という概念の創案者でもある。主著に『経済発展の理論』（1912年）など。

ある。

その「酸素吸入器」を資本主義から取り外そうというのが、新自由主義のイデオロギーにほかならない。それは言わば、社会主義的な要素を排除して、資本主義をより純化させようという企てである。そうした方が、経済は成長するはずだと新自由主義者たちは信じていたのだった。

その結果、資本主義は金融資本主義へと変異した。

ところが、資本主義をより純化することで誕生した金融資本主義こそが、長期停滞の根本原因なのである。再び、シュンペーターの比喩を用いて言えば、資本主義は、「酸素吸入器」を外されたことで、その生命力を失ったということだ。

この経緯から、次のような重大な仮説を提起し得る。

それは、資本主義というものは、政府の介入という「酸素吸入器」なしでは、持続可能な経済成長を達成できないのではないか、ということである。言い換えれば、資本主義それ自体は、自滅へと向かう経済システムだったという可能性があるのである。

第四章

21世紀の富国強兵

リーマン・ショック後も生き延びた「新自由主義」

第一章において論じたように、2010年代半ばには、主流派経済学者の間においてすら、新自由主義を疑問視する声が強くなっていた。それは、2008年の世界金融危機とその後の長期停滞が、新自由主義の信頼性を大きく揺るがしたからであった。

例えば、サマーズが「長期停滞」問題を提起し、低成長、低インフレ、低金利下における積極財政を擁護するようになったのは、2013年以降のことである。ファーマンが財政政策の見解の新旧を対比させ、イエレンが講演「危機後のマクロ経済研究」を行って、積極財政が経済成長に必要であると唱えたのは、2016年である。

しかし、彼らが積極財政を唱え続けたということは、裏を返して言えば、経済政策の実践においては、その間、積極財政が採用されなかったということである。

実際、2008年の世界金融危機の直後は、アメリカや日本、あるいは財

AP-アフロ

ヒラリー・クリントン
Hillary Diane Rodham Clinton（1947〜）。アメリカの政治家・弁護士。民主党。第42代大統領ビル・ク

政規律に厳格なドイツですらも、積極財政に踏み切ったものの、それは1年程度しか続かなかった。日本に至っては、東日本大震災の発災にもかかわらず、歳出抑制に努め、あまつさえ二度も消費増税を行ったのである。

２０１６年のアメリカ大統領選では、ドナルド・トランプ、**ヒラリー・クリントン**、**バーニー・サンダース**が候補として争ったが、この時、民主社会主義者を自称し、新自由主義に極めて批判的だったサンダースが予想外に善戦した。

また、トランプやサンダースのみならず、クリントンまでもが、ＴＰＰに反対するという現象も見られた。そして、最終的には、ＴＰＰやＮＡＦＴＡ（北米自由貿易協定）を批判し、中国を敵視して保護主義を唱え、移民を厳しく制限すると主張したトランプが勝利した。２０１６年の大統領選は、新自由主義の終わりを告げるイベントのように見えた。

ところが、大統領に就任したトランプは、確かにＴＰＰからの離脱や中国との貿易戦争など、新自由主義に反する経済政策を実行した一方で、富裕層

リントンの妻。２００８年の大統領選で民主党予備選挙に出馬するが、バラク・オバマに敗北。オバマ政権下で国務長官を務めた。２０１６年の大統領選では、民主党予備選では勝利したものの、本選で共和党候補のトランプに敗北した。

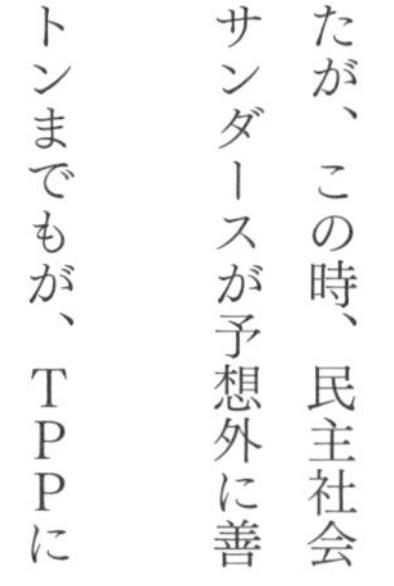
ロイター - アフロ

バーニー・サンダース
Bernard "Bernie" Sanders（１９４１〜）。アメリカの政治家。無所属のバーモント州選出上院議員。バーリントン市長、連邦下院議員などを歴任。２０１６年の大統領選では、民主党予備選に立候補したが、ヒラリー・クリントンに敗北。２０２０年の大統領選では、ジョー・バイデンに敗れた。民主社会主義者を自認し、格差是正やＴＰＰ反対、国民皆保険制度の実現などを訴えている。

に対する減税や金融規制の緩和など、新自由主義にのっとった政策をも進めた。貧困にあえぐ白人労働者層の支持を集めて当選したトランプであったが、支持者たちが考えていたよりも、新自由主義的であったのだ。

また、1980年代以来、アメリカと並んで新自由主義を標榜してきたイギリスでも、2016年の国民投票によって、EU離脱（「ブレグジット」）が決定した。

EUとは、域内資本、貿易、労働移動の自由を目指す新自由主義的なプロジェクトであったから、EUからの離脱は、イギリスの新自由主義からの転換を示すもののように思われた。しかし、ブレグジット決定後のイギリスは、財政規律を重視する路線を堅持していることからも分かるように、新自由主義から逃れているようには思われない。

このように、新自由主義というイデオロギーは、世界金融危機やその後の長期停滞によって、理論的な破綻が明らかになっていたにもかかわらず、その支配的地位を維持するという頑健さを見せたのであった。

picture alliance-アフロ

コリン・クラウチ
Colin Crouch（1944〜）。イギ

何が「新自由主義」に打撃を与えたのか？

なぜ新自由主義は、かくも強靭なのであろうか。

この問いに対して、政治経済学者の**コリン・クラウチ**は、次のように答えている。１９７０年代以降、労働者階級がその社会的なパワーを失いつつある一方で、グローバルな企業、とりわけ金融機関が、その社会的なパワーによって政治を支配し、自分たちの利益になる新自由主義的な経済政策を維持させているのである。[61]

クラウチ同様、**デイヴィッド・ハーヴェイ**も、新自由主義というイデオロギーを、一部の階級が社会的なパワーを維持するための政治的なプロジェクトであると考えている。

第二次世界大戦後、先進資本主義諸国は、労働者階級を保護し、一部の支配階級の経済的なパワーを制限していた。しかし、１９７０年代の低成長と高インフレによって、支配階級の経済的な利益が脅かされるようになると、支配階級はその経済的そして政治的なパワーを回復すべく、自分たちに有利

リスの社会学者、政治学者。ウォーリック大学名誉教授。ロンドン・スクール・オブ・エコノミクス、オックスフォード大学トリニティカレッジ、ウォーリック大学ビジネススクールなどで教鞭を取った。著書に、『ポスト・デモクラシー　格差拡大の政策を生む政治構造』など。

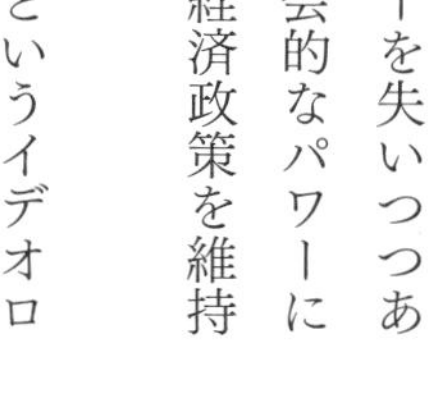

Alamy-アフロ

デイヴィッド・ハーヴェイ
David Harvey（１９３５～）。イギリスの地理学者。ブリストル大学講師、ジョンズ・ホプキンス大学准教授・教授、オックスフォード大学教授を経て、現在、ニューヨーク市立大学名誉教授。専攻は経済地理学。マルクス理論研究の世界的権威である。著書に、『新自由主義　その歴史的展開と現在』『〈資本論〉入門』など。

になるような経済政策を実行しようとした。その経済政策を体よく理論武装したのが、新自由主義だというのである。[62]

前章において参照したように、エクハルト・ハインも、長期停滞をもたらしたのは新自由主義的な政策による金融化であり、そしてその金融化の背景には、金融階級と労働者階級という階級間の力関係があると考えていた。そして、長期停滞を克服するためには、労働者階級のパワーの回復と、金融階級のパワーの抑制が必要であると論じていた。

さらに、マシュー・クレインとマイケル・ペティスに至っては、世界経済の不均衡という問題も、金融階級とそれ以外の一般国民という階級間の問題に帰結すると主張した。

彼らはいずれも、新自由主義というイデオロギーは、金融階級の社会的なパワーによって支えられているという説を唱えている。そして、こうした議論の先駆となったのがミハウ・カレツキであることは、前章において述べたとおりである。

確かに、新自由主義が、世界金融危機や長期停滞といった現実に否認され、影響力の大きい主流派経済学者が反省し、大統領選という民主的な手続きによって拒否されたにもかかわらず、しぶとく生き残ってきたことを考えると、こうしたカレツキ的な政治経済学には説得力がある。

要するに、新自由主義から訣別し、積極財政によって長期停滞を脱するには、新たな経済理論だけでは足りないということだ。一部の階級が専有する社会的なパワーを破壊しなければならないのである。そして、それがいかに困難であるかということを、我々は世界金融危機後の10年の間、目撃してきた。

しかし、第一章で論じたように、遂に、バイデン政権が、新自由主義に終わりを告げる「経済政策の静かなる革命」を遂行しようとしているようである。なぜ、ここに来て、かくも強靭であった新自由主義の支配が揺らぎ始めたのであろうか。そこには、新自由主義を支えていた社会的なパワーに打撃を与えた何かがあったはずである。

「戦争」と「経済イデオロギー」

この問題を解くにあたっては、過去に経済イデオロギーの支配がどのような要因によって変遷してきたのかを振り返ることが有益である。結論を急げば、経済イデオロギーの興亡には様々な要因があるが、特に大きな影響を与えていたのは、実は、地政学的なショック、すなわち戦争であった。[63]

例えば、政府が総需要を管理すべきとするケインズ主義が現れ、それまでの自由放任を旨とする古典的な経済自由主義にとって代わったのは、1933年に始まったアメリカのニューディール政策や1936年のジョン・メイナード・ケインズによる『雇用、利子および貨幣の一般理論』が契機であると考えられている。

しかし、実は、1914年に始まった第一次世界大戦において、参戦した諸国は、いわゆる総力戦を遂行したが、それによって、政府が大規模な財政支出や国債の発行により経済を管理するという、事実上のケインズ主義をすでに経験していたのであった。

特に重要なのは、金本位制の停止であった。

金本位制の下では、貿易が赤字になると金《きん》が国外に流出して、国内の通貨量が減少してデフレ圧力が働き、国内の所得は減少して物価が下がる。すると、輸入が減少して、輸出が増えるので貿易赤字は解消する。金本位制には、このような自動調節機能が想定されているのである。

金本位制の下では、積極財政による内需の拡大は国際収支の赤字を招き、金の流出を引き起こすため、デフレ政策によって金の流出を防がなければならない。つまり、金本位制は、財政赤字に対する国際的な制度的制約なのである。

このため、金本位制の下では、ケインズ主義的な政策を選択する余地は乏しかった。逆に言えば、金本位制は、経済自由主義を担保するための制度的な基盤であったのだ。ところが、第一次世界大戦の勃発により、各国は、総力戦を遂行するために巨額の赤字財政支出が必要になったことから、金本位制を停止させたのであった。

第二次世界大戦によって、「ケインズ主義」は支配を確立した

もっとも、第一次世界大戦が終わって平時に戻ると、各国は、金本位制へ

と復帰してしまい、経済自由主義のイデオロギーも復活した。

ところが、この金本位制が、再び停止されることとなる。契機となったのは、1930年代の世界恐慌であった。この時、アメリカのニューディール政策や日本の高橋財政のように、ケインズ主義的な政策が登場した。しかし、アメリカは、積極財政によって1936年頃に恐慌からの脱出に成功すると、緊縮財政に戻ってしまい、再び恐慌を招いてしまった。

要するに、経済自由主義からケインズ主義へのパラダイム転換には、世界恐慌だけでは不十分だったということである。ケインズ主義がその支配を確立するためには、もう一度、総力戦における積極財政を経験する必要があった。第二次世界大戦である。

そして、第二次世界大戦後、覇権国家の地位を得たアメリカの主導によって、「ブレトン・ウッズ体制」が構築された。ブレトン・ウッズ体制は、金・ドル本位の固定為替相場制であったが、戦前の金本位制とは異なり、国際的な資本移動を規制することで、各国がケインズ主義的な国内経済政策を行う余地を拡大するという制度的枠組みであった。

このブレトン・ウッズ体制という制度的担保を得て、ケインズ主義は、戦後の西側世界において支配的となり、「大きな政府」が認められるようになった。西側先進諸国は、積極的な財政金融政策や社会政策を実施して、高度経済成長を実現し、賃金の上昇や格差の縮小を達成したのだ。

「二つの戦争」がもたらした階級間のパワーシフト

もちろん、資本移動の規制、賃金の上昇、インフレ、あるいは格差の縮小は、労働者階級には有利に働くが、金融階級は不利を被る。したがって、金融階級の社会的なパワーを抑制できなければ、ケインズ主義的な政策は、実施できないはずである。

しかし、各国の国家能力は、第二次世界大戦の総力戦を遂行するため、金融階級の社会的なパワーを凌駕するほど強化されていた。しかも、戦時中に強大化した国家能力は、戦争が終わっても、縮小することはなかった。というのも、戦時中の軍事支出は、戦後、確かに縮小されたが、その代わりに福祉政策などの民政支出が増大したため、財政規模自体は縮小しなかったのである。これを「置換効果」と言う。

また、総力戦は、階級の壁を越えて、国民を団結させ、戦争へと動員させる。端的に言えば、戦争は、国民を平等化する効果があるのだ。このため、国のために戦った労働者階級は、戦後、市民としての権利を強く要求するようになった。

こうして、戦後、各国で労働者の権利の保護や累進課税の導入、あるいは福祉国家の実現が進み、格差が縮小し、労働者階級はその社会的なパワーを強化し、金融階級のパワーは弱体化した。その上、ケインズ主義的な政策がもたらしたインフレ（貨幣価値の下落）が、この階級間のパワーの逆転を加速させたのである。

加えて、冷戦構造という特異な地政学的環境もまた、ケインズ主義に有利に働いた。というのも、西側の資本主義諸国は、東側の社会主義のイデオロギーに対抗するため、資本主義の下において、労働者階級の権利と福祉が実現することを示す必要があったからである。

このように、戦後、ケインズ主義が支配的地位を確立するに至った背景には、第二次世界大戦と冷戦という、二つの戦争がもたらした階級間のパワー・シフトがあったのである。

「第四次中東戦争」と「ヴェトナム戦争」

ところが、１９７０年代後半から１９８０年代にかけて、ケインズ主義が後退し、新自由主義が支配的イデオロギーとなった。

ハーヴェイは、このパラダイム転換は、１９７０年代の低成長と高インフレによって、これまで不利を被っていた階級が反撃に転じ、新自由主義というイデオロギーを利用して、社会的なパワーを回復したことによると論じた。カレツキ的な議論である。

この時期、確かに金融階級は、新自由主義が正当化する経済政策によって支配力を拡大していった一方で、労働者階級の社会的なパワーは著しく後退している。だが、いったい何が、この階級間のパワー・シフトを引き起こしたのか。

それは、またしても戦争であった。

ケインズ主義の失墜と新自由主義の台頭は、一般的には、１９７０年代に起きたスタグフレーション（失業と高インフレ）について、ケインズ主義的政策が無力であったためであると説明されている。

しかし、その高インフレを引き起こしたのは第一次石油危機であり、そして第一次石油危機の原因は、第四次中東戦争であった。つまり、戦争がケインズ主義の権威を失墜させたのである。

また、戦後のケインズ主義を支えていた国際的な制度的基盤であったブレトン・ウッズ体制は、１９７０年代初頭に崩壊した。

それは、アメリカが国際収支の赤字を拡大させたためにドルの信認が著しく損なわれ、金・ドル本位の固定為替相場制であるブレトン・ウッズ体制を支えきれなくなったことが原因とされている。だが、そのアメリカの国際収支の赤字を招いたのは、ヴェトナム戦争による巨額の戦費であった。

「冷戦終結」が招いた新自由主義の台頭

また、戦争そのものが、その性質を変化させたことも注目に値する。

すでに述べたように、総力戦には、社会を平等化する効果がある。世界大戦は、労働者階級の社会的なパワーを向上させたのである。しかし、核兵器の登場により、大国間の戦争や世界大戦は考えにくくなった。

しかも、各国は、次第に徴兵制を止めるようになっていった。つまり、戦争の性格が変わり、かつての総力戦のように、国民の協力を得て資源を総動員しなくても遂行できるものとなったのである。ということは、社会を平等化し、労働者の地位を高める効果も薄れるということになる。

加えて、1980年代には、冷戦の緊張が緩和し、ソ連がかつてのような脅威ではなくなった。かつて西側の資本主義諸国は、共産化を恐れて自国の労働者を保護し、国民に福祉を供与してきたが、東西の緊張緩和により、その必要性が薄れたのである。つまり、金融階級は、労働者階級に配慮しなくてもよくなったということだ。

このように、1970年代後半から1980年代にかけて、ケインズ主義から新自由主義への交代と、地政学的な構造の変化が軌を一にしているのは、偶然ではないのである。

地政学的な脅威が薄れれば、金融階級は社会的なパワーを強化し、新自由主義がその支配力を拡大する。この傾向は、冷戦が終結し、ソ連という地政学的脅威が消滅したことによって、さらに決定的となった。

トマ・ピケティは、『21世紀の資本』の中で、20世紀半ばから先進諸国の所得格差が劇的に縮小していったが、１９８０年代から再び拡大し、特にアメリカやイギリスでは、富裕層の上位１％が国民に占める比率が２０００年代には戦前の水準にまで戻ってしまったことを明らかにした。アメリカやイギリスほどではないにせよ、同様の傾向は、大陸ヨーロッパ諸国や日本においても見られた。

なぜ、20世紀半ばから、所得格差が縮小しえたのか。

ピケティの答えは、世界大戦であった。

「20世紀に格差を大幅に縮小させたのは、戦争の混沌とそれに伴う経済的、政治的ショックだった。平等拡大にむけた、段階的同意に基づく紛争なき進展が見られたわけではない。20世紀に過去を帳消しにし、白紙状態からの社会再始動を可能にしたのは、調和のとれた民主的合理性や経済的合理性では

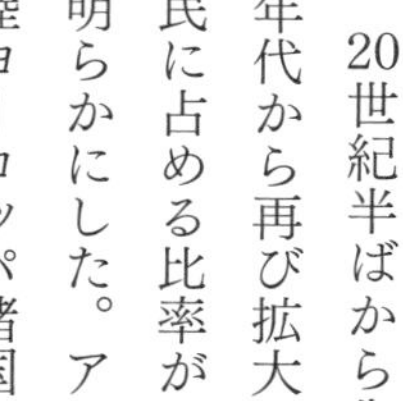
Gamma-Rapho・アフロ

トマ・ピケティ
Thomas Piketty（1971〜）。フランスの経済学者。パリ経済学校経済学教授。社会科学高等研究院（EHESS）経済学教授。EHESSおよびロンドン経済学校（LSE）で博士号を取得後、マサチューセッツ工科大学（MIT）などで教鞭をとる。経済発展と所得分配の相互作用について、主要な歴史的、理論的研究を成し遂げた。『21世紀の資本』など著書多数。

なく、戦争だった。[64]」

そして、これまで述べたとおり、20世紀後半から21世紀にかけての地政学的な構造変化、すなわち大国間戦争の脅威の後退が、新自由主義の台頭を招き、所得格差を再び拡大させたのである。

「新型コロナウイルス」と「戦争のメタファー」

地政学的な脅威の低下が、新自由主義の台頭を許し、ケインズ主義を後退させる。この仮説が正しければ、バイデン政権における新自由主義からケインズ主義への転換にも、その背後に地政学的な要因があったということになる。

そのような地政学的な要因の候補としては、次の二つが考えられる。

その一つは、新型コロナウイルス感染症によるパンデミックである。もちろん、ウイルスは地政学的な脅威ではない。しかし、各国の指導者たちは、新型コロナウイルス対策を国民に訴えるにあたり、「戦争」のメタファーを用いたことを見落としてはならない。

実際、新型コロナウイルス対策は、戦争のような様相を呈していた。政治指導者は、国民に新型コロナウイルスの脅威を周知し、ロックダウンなど、国民に犠牲を強いなければならない。また、マスクの着用やソーシャル・ディスタンスなどの行動変容を強く促す必要もある。

あるいは、政治指導者は、国民には団結や忍耐を求めなければならず、さらには、犠牲者への哀悼や苦境にある国民への共感を示す必要もある。新型コロナウイルス対策における政治指導者と国民との関係は、戦争におけるそれと酷似していたのである。

こうしたことから、トランプ前米大統領、**マクロン**仏大統領などが、コロナウイルス対策を訴える際、戦争のメタファーを用いた。バイデン大統領も、2020年11月25日の演説で、次のように述べた。

「我々は、この国で、一年近く、ウイルスと戦ってきた。それは、苦痛、喪失感、不満をもたらし、多くの命が犠牲になった。26万人の米国民の犠牲であり、しかもそれは増え続けている。我々は分断された。そして、互いにいがみ合っている。この国が戦いに倦んでいることは知っている。し

代表撮影 - ロイター - アフロ

エマニュエル・マクロン
Emmanuel Jean-Michel Frédéric Macron（1977〜）。フランス第25代大統領（2017年5

かし、我々は、互いにではなく、ウイルスと戦っていることを思い出す必要がある。[65]」
また、2021年2月22日の演説では、新型コロナウイルスによる死者数が50万人を超えたことについて、二つの世界大戦とヴェトナム戦争の犠牲者を足したよりも多いと述べている。[66]

パンデミックが「財政政策」にもたらした衝撃

この「戦争」というメタファーは、新型コロナウイルス対策のみならず、巨額財政支出を正当化する上でも有効である。なぜなら、戦時中には、敵国に勝利するために、巨額の戦時国債を発行して戦費を調達することが正当化されるからだ。

例えば、IMFのブログ（2020年4月1日）には、新型コロナウイルス対策では、戦時中と同様に、公的部門が大きな役割を果たさなければならないという趣旨の記事が投稿されている。[67]

あるいは、経済学者ポール・クルーグマンは、約1・9兆ドルの「米国救

月14日〜）。国立行政学院（ＥＮＡ）を卒業後、財務監督官の上級公務員として勤務した後、ロスチャイルド銀行の投資顧問業務に就いた。オランド第24代大統領によって大統領府副事務総長に任命された後、経済・産業・デジタル大臣に任命。2017年の大統領選で、39歳というフランス史上最も若い大統領になった。

済計画」を擁護した際、「戦時中の財政支出は、戦争に勝つため必要なだけ出すものだ」と論じた。[68]かつて政府債務の増大に警鐘を鳴らしたことで有名な経済学者**カーメン・ラインハート**ですら、新型コロナウイルス対策に関しては、「まず戦争を戦うことを考えよ。どう戦費を調達するかを考えるのは、その次だ」と言ったのである。[69]

興味深いのは、EU（ヨーロッパ連合）の対応である。

EUは、安定・成長協定（SGP）によって、予算年次ごとの財政赤字をGDP比3%以内に抑えるとともに、債務残高がGDP比60%を超えないことを加盟国に求めていた。

しかし、2020年3月、EUは、EU域内での新型コロナウイルスのパンデミックを受けて、財政規律要件の一時停止（一般免責条項の発動）に踏み切った。ドイツもまた、憲法で財政赤字を原則国内総生産（GDP）の0・35%に制限する債務ブレーキというルールを規定しているが、パンデミックに対応するため、2020年と21年について債務ブレーキを停止した。

Photoshot-アフロ

カーメン・ラインハート
Carmen M. Reinhart（1955〜）。キューバのハバナで生まれた、アメリカの経済学者。両親とカバン3つでアメリカに逃れてきた。専門は国際経済。コロンビア大学で博士号を取得後、IMFで勤務。2012年からハーバード大学ケネディスクール教授。著書に『国家は破綻する 金融危機の800年』（ケネス・S・ロゴフとの共著）。

安定・成長協定の財政規律は、ＥＵの財政的枠組みの基盤であった。しかし、ＥＵはそれを停止したのである。ドイツもまた、憲法上の財政規律を停止した。言うまでもなく、財政規律よりも、新型コロナウイルス対策の方が優先されたのである。

これは、かつて、第一次世界大戦を契機に、各国が、当時の資本主義経済の基盤と信じられていた金本位制を停止し、軍事支出の拡大に踏み切ったことを想起させる現象である。新型コロナウイルス感染症のパンデミックは、世界大戦のような衝撃を与えるものだったと言えるだろう。

中国という「地政学的脅威」

さて、新型コロナウイルス対策を戦争になぞらえるメタファーは、コロナ対策である「米国救済計画」を正当化する上では、確かに有効である。これに対して、「米国雇用計画」については成長戦略であるから、「新型コロナウイルス対策＝戦争」のメタファーは使えないはずである。

しかし、「米国雇用計画」の正当化には、メタファーではなく、地政学的脅威そのものが論理として持ち出された。その地政学的脅威とは、中国である。例えば、ジャネット・イエレン財務長官は、2021年1月19日の上院財政委員会指名公聴会で、こう発言していた。

「中国との経済競争に勝利するには、国内で、労働者、インフラ、教育そしてイノベーションに、転換的な投資を行うことが必要だ。我々は国内でより進歩しなければ、長期的に競争力を維持できない。」

さらに、バイデン大統領は、「米国雇用計画」等を公表した3月31日の演説で、中国との競争に勝利するためという論理に繰り返し言及した。この論理は、中国に対する警戒心がより強い共和党を取り込むためのレトリックでもあることは言うまでもない。

「これ（「米国雇用計画」）は、経済を成長させ、米国の競争力を高め、国家安全保障上の利益を促進し、今後の中国とのグローバルな競争に勝利する地位を確保するだろう。」

「これは、バッテリー技術、バイオテクノロジー、コンピュータ・チップ、クリーン・エネルギーなどの市場、特に中国と競争しているグローバルなリーダーシップを争う市場で、米国のイノベーションの強さを高めるだろう。」

「彼ら（共和党）も、中国や他の国々が我々のランチを食っていることを知っている。だから、もう一度、両党が手を結べない理由はない。」

「私は、歴史が民主制と専制の根本的な選択を迫られた時代に戻りつつある時にいると本当に信じている。世界には、民主制はもはや合意に達せないが専制なら可能だから、専制が勝つだろうと考えている専制国家がたくさん存在する。これこそまさに、米国と中国とその他の世界が競争していることだ。基本的な問題は、これだ。民主制はまだ人々の期待に応え得るか、多数の支持を得ているか。我々ならできると私は信じる。我々はしなければならないと私は信じる。[70]」

「経済政策」と「安全保障戦略」は密接不可分

このように、バイデン政権による経済政策のパラダイム転換は、新型コロナウイルスと中国という、外的脅威が駆動していると言ってよい。

この点に関して、注目すべき人物が、バイデン政権の中にいる。44歳という異例の若さで大統領補佐官（国家安全保障問題担当）に登用された**ジェイク・サリバン**である。

サリバンは、イエール大学ロースクールを卒業後、弁護士となったが、30歳の時、地元ミネソタ選出のクロブシャー上院議員の顧問弁護士となり、2008年の大統領選挙では、ヒラリー・クリントンの陣営に参加した。

その後、オバマ政権下で国務長官となったクリントンは、サリバンを国務長官副補佐官に登用し、2011年には政策企画本部長に任命した。2013年にクリントンが国務長官を退任すると、サリバンは、ジョー・バイデン副大統領補佐官に就任し、2016年の大統領選挙では、再びヒラリー陣営に参加した。

そのサリバンは、バイデン政権下で大統領補佐官に就任する1年前の2020年2月、外交誌『フォーリン・ポリシー』において、**ジェニファー・ハリス**とともに、アメリカには新しい経済哲学が必要であるという論考[71]を発表した。ちなみに、ハリスは『他の手段による戦争：地経学とステイトクラフト』の共著者であり、国務省に勤務していた人物である。

実は、この短い論考にこそ、サリバン、そしてバイデン政権の経済政策の

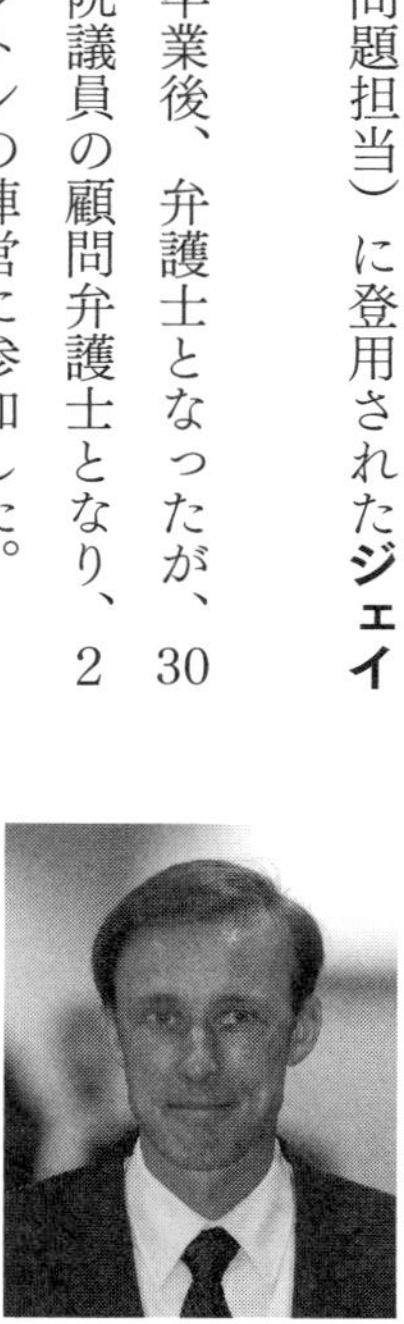
ZUMA Press-アフロ

ジェイク・サリバン
Jacob Jeremiah Sullivan（1976～）。アメリカの政治家、法律家、外交官。オックスフォード大学マグダレン・カレッジで国際関係学の修士号を取得。イェール大学ロー・スクールで法務博士号を取得。オバマ政権下で、ヒラリー・クリントンの側近として国務長官副補佐官、政策企画本部長を務めた後、バイデン副大統領補佐官に就任。現在、バイデン政権の国家安全保障問題担当大統領補佐官に就任。

ジェニファー・ハリス
Jennifer Michelle Harris（1981～）。アメリカの経済学者。ウェイクフォレスト大学で経済学と国際関係論の学士号、オックスフォード大学で哲学の修士号、イェール大学ロ

思想が凝縮されていたのである。

もっとも、サリバン大統領補佐官の担当は、国家安全保障問題である。それにもかかわらず、なぜ彼は、「新しい経済哲学」を論じたのであろうか。

それは、サリバンが、経済政策と安全保障戦略、言わば「富国」と「強兵」とは密接不可分であり、「米国が地政学的に成功するか、失敗するかを決めるのは、経済学である」と考えているからにほかならない。

そういう思想を持つサリバンをバイデン大統領が抜擢したということは、バイデン政権の経済政策は、安全保障戦略と大いに関係する可能性が高いということを意味する。逆に言えば、バイデン政権の安全保障戦略は、経済的な観点なしには理解できなくなるだろうということだ。

地政学的な現実を無視する「経済学」

サリバンによれば、アメリカにおける経済哲学は、建国以来、重商主義、自由放任主義、ケインズ主義、そして新自由主義といったように変遷してきたが、これには安全保障問題が深く関わってきたのだという。

ースクールで法学博士号を取得。アメリカ国務省で政策立案を担当したほか、外交問題評議会（CFR）の上級研究員などを歴任。著書に『他の手段による戦争：地経学とステイトクラフト』（共著）など。

そして、今日もまた、地政学的な変化が生じており、これに伴って、経済哲学を変化させることが必要になっている。特に、これまで数十年もの間、支配的なイデオロギーであった新自由主義を克服すべきである。サリバンは、そう明言したのである。

ただし、問題は、アメリカの外交の専門家たちの経済に対する無関心と無知である。かつては、そうではなかったとサリバンは言う。

例えば、第二次世界大戦の前後、**コーデル・ハル**や**ジョージ・ケナン**といった安全保障の実務家たちは、ソ連に対抗するためには、より積極的な国内経済政策が必要であると考えた。そして、従来の自由放任主義の経済哲学を放棄し、ケインズ主義を採用したのである。

ところが、その後、経済と安全保障の関係が見失われるようになってしまった。経済学は、地政学的な現実を無視して、純粋な抽象理論の構築へと走った一方で、外交の実務家たちは、経済に疎くなり、経済学の非現実的な教義を真に受けるようになったのである。

GRANGER.COM-アフロ

コーデル・ハル
Cordell Hull（1871〜1955）。アメリカの政治家。ルーズヴェルト大統領のもとで国務長官を務めた（1933〜1944）。その間、アメリカ外交の要として活躍。日米外交交渉の米国代表として「ハル・ノート」を突きつけた。国際連合の創設に尽力して、1945年のノーベル平和賞を受賞した。著書に『ハル回顧録』。

アフロ

「経済」と「安全保障」の関係が見失われた理由

なぜ、経済と安全保障の関係が見失われてしまったのか。

これについては、サリバンは説明していないが、**マイケル・マスタンドゥノ**が、次のような興味深い説を唱えている。

冷戦期、米国の安全保障上のライバルは、ソ連であった。しかし、ソ連は経済的な脅威では必ずしもなかったため、安全保障の担当者たちは、経済に関心を持つ必要がなかった。

他方で、米国の経済的なライバルは、西ドイツや日本であった。しかし、西ドイツも日本も、安全保障上は敵ではなく、むしろ同盟国であった。このため、経済政策の担当者たちは、経済のことだけ考えていればよく、安全保障を考慮する必要がなかった。

そういう時代が長く続いたために、安全保障の専門家と経済の専門家は、それぞれの専門に特化し、互いの専門に関心をもたなくなったというのだ。[72]

ジョージ・ケナン
George Frost Kennan（1904～2005）。アメリカの外交官、政治学者、歴史家。1940年代から1950年代末にかけての外交政策の立案者で、ソ連の封じ込めを柱とするアメリカの冷戦政策を計画したことで知られる。プリンストン高等研究所名誉教授。ピューリッツァー賞受賞。著書に『アメリカ外交50年』『ソヴェト革命とアメリカ―第一次大戦と革命』など。

マイケル・マスタンドゥノ
Michael Mastanduno（1956～）。アメリカの国際政治学者。アメリカ外交が専門。ニューヨーク州立大学オールバニ校卒業後、プリンストン大学で博士号取得。ダートマス大学政治学部教授。

さらに冷戦が終結すると、アメリカは、安全保障においても経済においても無敵となり（少なくともアメリカはそう認識し）、アメリカ一極支配が成立した。その結果、経済は、安全保障と無関係であるどころか、国家からも自由になるという錯覚すら生まれた。いわゆる「グローバリゼーション」である。国家の経済介入を極力否定する新自由主義が支配的なイデオロギーとなったのも、この冷戦後のアメリカ一極支配という世界の構造と深く関係しているのである。[73]

だが、新自由主義に基づく経済政策やグローバリゼーションは、アメリカの長期停滞と格差の拡大を招いた。米国の国力は落ち、社会は分断されてしまった。

さらに、ここに来て、中国というライバルが出現した。しかも現在の中国は、冷戦期のソ連あるいは西ドイツや日本と違い、安全保障と経済の両面において、アメリカの脅威なのである。

「新自由主義」から「経済ナショナリズム」へ

こうなった以上、アメリカは、新自由主義のイデオロギーを放棄し、安全保障と経済政策を再び一体として考えた新しい経済哲学を樹立しなければならない。そう考えるサリバンの提言は、具体的には、次の通りである。

第一に、安全保障にとっては、積極財政、とりわけインフラ、技術開発、教育など、長期的な競争力を決定する分野への積極的な政府投資が必要である。

第二に、強力な産業政策が必要である。

第三に、貿易協定は何でも良いものだとか、答えを何でも貿易の拡大に求めるような安易な発想を改めるべきだ。

第四に、「アメリカの多国籍企業の利益は、アメリカの利益である」という思い込みも捨てるべきだ。

第五に、外交の専門家が中心となって経済政策に関与すべき分野もある。

例えば、戦略的技術を生み出すテック企業に対する規制がそれに該当する。

この五つの提言は、いずれも新自由主義からの訣別を宣言するものである。第一点目、第二点目そして第五点目は、政府による積極財政と経済への介入という、新自由主義が忌避してきた「大きな政府」をもたらすものである。また、第三点目と第四点目は、グローバリゼーションに対するあからさまな反逆である。とりわけ、新自由主義のドグマと言ってよい自由貿易を懐疑していることは、注目に値する。

こうした提言から、サリバンが新自由主義に代わる「新しい経済哲学」として求めているのは、いわゆる「経済ナショナリズム」と呼ばれるものであることが明らかとなる。[74]

少し前まで（日本では今でも）、経済ナショナリズムはタブー視された異端思想であった。こんな主張をしたら、エリートたちのコミュニティから爪弾きにされたであろう。ところが、アメリカでは、このような経済ナショナリズムを堂々と展開した人物が、大統領補佐官に抜擢されたのである。

それが何を意味するのか、もはや言うまでもないだろう。「経済政策の静かなる革命」が進行しているとスキデルスキーが言ったのは、正しかったのだ。

「財政政策」は「安全保障政策」の一部である

この注目すべきサリバンの主張を、もう少し詳しく検討してみよう。

まず、サリバンは、財政政策を外交・安全保障政策の一部とみなしていることに注目すべきである。

興味深いことに、サリバンは「国家債務より過少投資の方がより大きな安全保障上の脅威である」と明言した上で、次のように主張したのである。

「成長率、インフレ率、利子率いずれも停滞している中では、米国には投資の余裕はないなどというシンプソン・ボウルズ委員会の議論の脅しに屈するべきではない。」

「シンプソン・ボウルズ委員会」とは、オバマ大統領が2010年に設置した財政健全化に関する超党派の委員会であり、2015年度までの基礎的財政収支の均衡を提言していた。

サリバンは、その財政健全化の提言を一蹴し、公共投資を拡大する余地はあると主張したのだが、その理由は、低成長、低インフレ、低金利、すなわち「長期停滞」だったのである。

サマーズやファーマン、あるいはイエレンといった経済学者は、低金利であることを理由に、均衡財政を拒否し、積極財政を説き、かつ成長を促進する分野への財政支出を主張した。サリバンは、こうした経済学者たちの議論を踏まえつつ、長期停滞を理由に、安全保障を強化する分野への積極財政を主張したのである。

しかもサリバンは、インフラ、技術開発、教育など、長期的な競争力を決定する分野への投資を、経済成長というよりは、安全保障に資するものとして論じている。一国の経済力と軍事力、「富国」と「強兵」を結び付ける論理である。論文の共著者であるハリスも『他の手段による戦争』の中で、こう書いている。

「国力は、何よりも国内経済のパフォーマンスと、そのリソースを動員し、配置する能力に依存する。[75]」

要するに、国内マクロ経済政策は、外交・安全保障戦略の一部となったのである。まさに「富国強兵」と言ってよい。そして、この富国強兵こそが、バイデン政権による「経済政策の静かなる革命」の核心にあるものなのだ。

「産業政策」の復活

富国強兵に必要なのは、積極財政だけではない。

サリバンは、産業政策の復権を説いた。「産業政策（より広く、経済の変革を目指す政府の行動）は、かつては恥ずべきものとみなされていたが、今は、ほぼ当然のものとみなすべきだ。」

産業政策と言えば、新自由主義の支配の下で主流派経済学が忌避してきた政策である。その新自由主義のイデオロギーは、強固なものであった。

しかし、サリバンは、安全保障上の脅威に対抗するためという理由を持ち出して、イデオロギー上の障害を突破しようとした。その脅威とは、言うまでもなく、中国である。

「もし、ワシントンが、長期的、変革的ブレイクスルーよりも短期的な利益を目指す民間企業の研究開発に依存し続けるのであれば、アメリカの企業は、中国の企業との競争に敗北し続けるだろう。そして、アメリカが、軍事技術からワクチンにいたる危機時の必須製品の製造に必要な製造基盤を失うならば、アメリカはより危険にさらされるであろう。」

さらに、サリバンは、アメリカの建国以来の歴史を振り返り、産業政策こそがアメリカの伝統であると訴えたのである。

「過去40年間は休止していたが、産業政策は、実にアメリカ的なものだ。アメリカの製造業に対する**アレクサンダー・ハミルトン**のヴィジョンは最初のアメリカの産業政策であり、その伝統は、**ヘンリー・クレイ**のアメリカン・システムから、**ドワイト・D・アイゼンハワー**の州間高速道路網や

GRANGER.COM-アフロ

アレクサンダー・ハミルトン
Alexander Hamilton（1755～1804）。アメリカ合衆国建国の父の一人。独立戦争では、後に初代大統領になるワシントンの副官として活躍。新政府成立後は、財務長官を務め、税制を整備したほか、国立銀行設置を提案するなど、一貫して連邦政府の強化に努めた。ピストルによる決闘によって命を落とした。

Glasshouse Images-アフロ

ヘンリー・クレイ

リンドン・ジョンソンの偉大な社会まで、１９８０年代に忌避されるようになるまでは、アメリカの歴史を通じて継承されていた。」

「ナショナリズム」で「新自由主義」を打破する

ここで言う「アメリカン・システム」とは、建国の父の一人であるアレクサンダー・ハミルトンを発祥とする19世紀のアメリカの経済システムである。それは、高関税による保護主義、強力な産業政策、国内交通インフラの整備など、政府の経済介入による経済発展モデルの典型であり、このシステムがアメリカを経済大国へと押し上げたとされている。実際、19世紀後半のアメリカは、当時、最も保護主義的な国家であった。

サリバンは、アメリカの歴史を振り返ることで、史実によって産業政策の効果を証明しようとしただけではなく、アメリカ国民のナショナリズムに訴えかけて、新自由主義というイデオロギーの強固な支配を打破しようとしたのであろう。

興味深いことに、バイデン政権の大統領経済諮問委員会のメンバーとなっ

Henry Clay Sr.（１７７７〜１８５２）。アメリカの政治家。ホイッグ党の創設者かつ指導者となり、アメリカの製造業を保護・促進する関税、商業を奨励する国定銀行、道路・運河・鉄道などインフラ整備を柱とする「アメリカン・システム」を積極的に推進した。

AP-アフロ

ドワイト・D・アイゼンハワー Dwight David Eisenhower（１８９０〜１９６９）。アメリカの政治家、陸軍軍人。アメリカ合衆国第34代大統領（１９５３年１月20日〜１９６１年１月20日）。１９５６年に承認した連邦補助高速道路法は、国内に４万１０００マイルの幹線道路網を構築するというアメリカ史上最大の公共工事プログラムだった。日本への原爆使用に強硬に反対した。

た経済学者**ジャレド・バーンスタイン**も、産業政策を復活させる必要性を説いた際、アメリカの建国史に言及したのである。

産業政策に対する支持は、アメリカの歴史に深く根差している。ジョージ・ワシントン大統領は1790年の最初の就任演説で、議会に対してこう語りかけた。「(アメリカ国民の)安全と利益のためには、製造業を促進し、必需品、特に軍事的な必需品の供給に関して、他国から自立できるようにすべきである」と[76]。

「グローバリゼーション」に対する反省

サリバンは、産業政策を擁護するにあたり、ハミルトンやクレイといった歴史上の人物たちを引き合いに出したが、彼らは産業政策の主唱者としてだけではなく、保護主義者としても有名であった。言うまでもなく、保護主義は、従来の自由貿易やグローバリゼーションのドグマに反するものである。

AP-アフロ

リンドン・ジョンソン
Lyndon Baines Johnson（1908〜1973）。アメリカ合衆国第36代大統領（1963年11月22日〜1969年1月20日）。J・F・ケネディ政権の副大統領に就任し、ケネディ暗殺事件で大統領に昇格。貧困撲滅と公民権の確立を柱とする「偉大な社会」政策を掲げ、「大きな政府」による社会福祉や教育制度改革、人権擁護を積極的に推進した一方、ヴェトナム戦争への軍事介入を拡大した。

そして、論理的に一貫していると言うべきか、サリバンは、実際に、自由貿易やグローバリゼーションに対する懐疑を口にしたのである。

「政策担当者は、あらゆる貿易協定は良い貿易協定だとか、答えは常に貿易の拡大だといった従来の認識を超えなければならない。詳細が問題である。安全保障コミュニティは、TPPについて、その実際の中身を吟味もせずに、何の疑問も抱かずに支持していた。米国の貿易政策は、何年にもわたる間違いが多すぎて、プロ貿易協定の議論をもはや額面通りには受け入れられない。」

これは、驚くべき発言であろう。

なぜなら、オバマ政権がTPP交渉を進めていた時、サリバンも、クリントン国務長官の下でスタッフとして働いていたからだ。だが、サリバンは、2020年の論文においてTPPを批判し、さらには自由貿易協定そのものについても、再考を促しているのである。彼は、次のようにも言う。

AP-アフロ

ジャレド・バーンスタイン（1955〜）。アメリカの経済学者。マンハッタン音楽学校で学士号を取得。コロンビア大学で哲学修士号と社会福祉博士号を取得。リベラルなシンクタンクである経済政策研究所（EPI）の高官、労働省の副チーフエコノミストなどを歴任。オバマ政権でバイデン副大統領の経済顧問を務め、現在、バイデン政権の大統領経済諮問委員会のメンバーに就任。

「貿易政策は、企業の投資のために世界を安全にすることではなく（例えば、どうして、ゴールドマン・サックスのために中国の金融システムを開放するのを優先しなければならないのか？）、米国内の賃金の上昇と高収入雇用の創出に焦点を当てるべきだ。」

わずか5年で激変したアメリカ政策担当者の認識

要するにサリバンは、この4年の間に、自由貿易についての考えを大きく変えたということである。

その契機となったのは、2016年の大統領選だったようである。この時、サリバンは、クリントン陣営に参加したが、バーニー・サンダースやドナルド・トランプと争う中で、アメリカの構造的な不平等や、国内労働者の利益と乖離した外交政策に対する国民の不満といった問題を強く意識するようになったという。[77]

大統領選後、カーネギー財団が外交政策に関する超党派のタスクフォースを設置すると、サリバンもこれに参加して共同研究を重ね、「アメリカの外交政策を中間階級のために良いものにする（Making U.S. Foreign Policy Work Better for the Middle Class）」という報告書をまとめた。

この報告書は、グローバリゼーションがアメリカの労働者に利益をもたらさなかったことをはっきりと認め、所得格差の問題に配慮すること、貿易をより広い視点から見直すこと、あるいは長く犠牲の大きい対外戦争を終わらせることなどを主張していた。

注目すべきは、この報告書が「アメリカの外交政策は変わらなければならないことは明白だ」と述べつつ、その変化の一例として、２０１６年の大統領選でヒラリー・クリントンがＴＰＰへの反対を表明したことを挙げたことである。

さらに驚くべきことに、この報告書の共同執筆者には、オバマ政権下の通商代表部代表代行としてＴＰＰ交渉を担当した**ウェンディ・カトラー**までもが名を連ねていたのであった。[78]

AP-アフロ

ウェンディ・カトラー
Wendy Cutler（１９５３〜）。アメリカ商務省での勤務を経て、１９８８年に米通商代表部（ＵＳＴＲ）に入り、北アジアにおけるアメリカ貿易の役職を歴任。世界貿易機関（ＷＴＯ）ウルグアイ・ラウンドの交渉者を務めたほか、日韓自由貿易協定やＴＰＰの交渉を担当した。

アメリカの政策担当者たちの認識は、わずか5年程度の間に、ここまで大きく変わったのである。

そして、このアメリカの大きな変化の背景には、中国が台頭し、安全保障と経済の両面における脅威となったことがある。では、中国は、どのように台頭したのか。そして、それは世界の政治経済の構造に、いかなる変化をもたらしたのか。それを次章において検討しよう。

第五章

覇権戦争

「リベラリズム」と「リアリズム」

前章において明らかにしたように、アメリカの政策担当者たちに新自由主義からの訣別を決意させたのは、中国の脅威であった。

では、中国は、いかにして台頭し、アメリカを脅かすに至ったのであろうか。それを理解するために、過去30年間の世界の政治経済の構造変化を振り返っておこう。

冷戦終結とソ連の消滅により、アメリカは、世界の単独の覇権国家になったと信じ、その比類なきパワーによって、リベラルな国際政治経済秩序を建設しようと企てた。

このポスト冷戦のアメリカの戦略は、「リベラリズム」という理論に基づいていた。ここで言う「リベラリズム」とは、アメリカの国際政治経済学の二大潮流のうちの一つである。もう一つの潮流は、「リアリズム」と呼ばれている。

「リベラリズム」とは、民主主義や貿易の自由などの普遍的な価値観を広め、国際的なルールや国際機関を通じた国際協調を推し進めれば、平和で安定した国際秩序が実現するという理論である。

例えば、民主国家の国民は戦争に反対するから、民主国家同士は戦争には踏み切らないだろう。よって、世界の民主化を進めるべきである。あるいは、自由貿易により各国の相互依存関係が深まった世界では、戦争による貿易の断絶は大きな被害をもたらす。だから、貿易自由化を進めれば戦争は起きにくくなるだろう。これが、リベラリズムの論理である。

冷戦終結後のアメリカの世界戦略は、このリベラリズムに基づいていた。もちろん、アメリカに追従する日本も、リベラリズムを外交理念としてきた。

これに対して、「リアリズム」は、国際秩序を成り立たせているのは、民主主義や貿易の自由といったリベラルな制度や価値観ではなく、軍事力や経済力といったパワーのバランスであるという理論である。

リアリズムの論者たちは、リベラリズムを次のように批判してきた。

第一に、歴史的に見て、民主国家であれば戦争を起こさないなどとは言えない。[79] 加えて、非民主国家を民主化するのは極めて困難であり、多くの場合は失敗し、かえって更なる秩序の不安定化を招く。

また、自由貿易による経済的相互依存が戦争を抑止するとも言えない。例えば、20世紀初頭、イギリスとドイツは高度な経済的相互依存関係にあったにもかかわらず、第一次世界大戦に突入した。あるいは1930年代、日米関係は悪化していったが、日本のアメリカへの輸出は1941年までほとんど影響を受けなかった。[80]

第二に、民主主義や貿易の自由といったリベラルな価値観を世界各国に共有させるには、それらの価値観を非リベラル国家に押し付けたり、あるいは国際ルールの策定・維持を主導したりする覇権国家の強大なパワーが不可欠である。

1990年代初頭、アメリカは、ソ連の崩壊により、一極主義的な覇権国家になったと錯覚し、世界にリベラルな価値観を共有させるリベラル覇権戦略に乗り出したのだが、リアリストの見立てによれば、実際のアメリカには、そこまでの強大な覇権的パワーはなかった。

それどころか、リベラル覇権戦略によって世界中に手を伸ばし過ぎれば、いずれ疲弊して、アメリカは衰退してしまう。いわゆる「オーバー・ストレッチ（過剰拡張）」である。それを懸念するリアリストたちは、１９９０年代以降、リベラル覇権戦略を厳しく批判し続けてきた。

派手な失敗に終わった「リベラル覇権戦略」

しかし、アメリカは、クリントン政権、ブッシュ政権、そしてオバマ政権と、民主党・共和党を問わず、リベラリズムを基調としてきた。その結果、リアリストたちの懸念は現実のものとなってしまったのである。

例えば、ブッシュ政権は、２００３年、イラクの民主化を掲げてイラク戦争を引き起こした。しかし、その結果は、中東の一層の混乱とアメリカの疲弊であった。

また、オバマ政権は、ウクライナにおいて親露派の**ヤヌコヴィッチ**政権に

ロイター - アフロ

ヴィクトル・ヤヌコヴィッチ
Viktor Fedorovych Yanukovych（１９５０〜）。ウクライナ第４代大統領（２０１０年２月25日〜２０１４年２月22日）。ソ連ウクライナ共和国ドネーツク州で生まれる。機械技術が専門で、ドネーツク州で交通産業に携わる。ドネーツク州知事、ウクライナ首相などを歴任後、２０１０年大統領に就任。２０１４年２月反政権派と治安部隊が衝突する騒乱が起こり首都キエフを脱出、政権崩壊により大統領を解任された。

対する抗議運動が起きた際、親米派政権の樹立を企てて、抗議運動を支援した。これがロシアを刺激し、ロシアはクリミアを奪取した。

アメリカはロシアに経済制裁を科したが、ロシアはこれに対抗するため中国に接近した。ロシアと中国が手を組んだことで、ユーラシア大陸における中国のパワーはいっそう強化されることとなった。


経済的なリベラル覇権戦略もまた、派手な失敗に終わった。

冷戦終結後のアメリカは、ＷＴＯの設立を主導しただけでなく、中国の加盟に協力した。その頃のアメリカは、リベラリズムの戦略に基づき、次のように考えていたのである。

中国をリベラルな国際経済秩序に組み入れ、自由貿易の恩恵を享受させる。そうすれば、中国は、リベラルな国際経済秩序を尊重するようになり、戦争によって国際秩序を破壊するなどという愚行には及ばなくなるであろう。

アメリカと中国は、自由貿易を通じて互いに利益を得るので、すすんで協調するであろう。中国は国富を増やすであろうが、平和的に台頭し、アメリカの覇権に挑戦するようなことはないであろう。実際、**マイケル・ピルズベ**

ロイター - アフロ

リーによると、アメリカのエリートたちは、中国は経済が発展すれば、いずれ民主化するものと本気で信じていたらしい[81]。

すでに崩壊した東アジアにおける米中の「パワー・バランス」

だが、このアメリカのリベラリズムに基づくポスト冷戦の戦略は、ものの見事に失敗したのである。

中国は、アメリカの支援を受けて、2001年にWTOに加盟した。その結果、2000年代の中国は、年率10％以上の成長率でGDPを拡大させた。しかし、同時に、中国は、そのGDP成長率を上回る比率で、軍事費を増加させ続けたのである。

これに対して、バラク・オバマ政権下のアメリカは、2010年から17年まで、軍事費を削減し続けた。その結果、中国の軍事費は、2000年にはアメリカの11分の1程度しかなかったが、12年には約5分の1、19年には約

マイケル・ピルズベリー Michael Pillsbury（1945〜）。アメリカの政治学者。国務省の軍備管理軍縮庁長官代行や国防総省の政策企画局長補佐などを歴任。カンボジア・ヴェトナム戦争やアンゴラ内戦などにおける秘密工作に従事。2020年12月に国防総省の諮問機関である国防政策委員会の委員長に任命された。

3分の1にまで迫った。その結果、東アジアにおける軍事のパワー・バランスは、完全に崩れてしまったのである。

もっとも、アメリカの軍事費は、依然として、中国のおよそ三倍である。したがって、パワー・バランスが崩れたとまでは言えないという反論もあるかもしれない。しかし、地政学的に言えば、これで十分に、パワー・バランスは崩れていると言うべきなのである。

なぜならば、第一に、アメリカはヨーロッパや中東などグローバルに戦力を展開しなければならないが、中国はアジアに集中できる。

第二に、アメリカは太平洋を越え、あるいはグアムや沖縄など点在する基地から戦力を投射しなければならないが、中国は自国の周辺に戦力を展開すればいいだけである。

第三に、アメリカは東アジアを守るために常時、制海を続けなければならないが、中国はアメリカの攻撃に対する反撃の用意だけでよい。

そして第四に、アメリカにとっての最重要地域は西半球であるが、中国にとっての最重要地域はアジアであるから、アメリカよりも中国の方が、高いリスクとコストを負う用意がある。

以上を勘案するならば、米中の軍事費は5対1でも、東アジアでは十分拮抗と言えるかもしれない。それが、現在では、3対1しかなく、今後、その差はさらに縮まる可能性があるのだから、やはり、東アジアにおける米中のパワー・バランスは崩れたとみるべきであろう。

実際、アメリカの国防総省は、2020年の年次報告において、中国の軍事力が、すでにいくつかの点においてアメリカを凌駕していることを認めている。

例えば、中国は約350隻の戦艦・潜水艦を有し、アメリカの約293隻を上回っているという。また同報告は、中国が経済発展によって軍事力を強化する戦略をとっていると指摘した。しかし、時すでに遅しである。

「覇権安定理論」が示す冷酷な現実

このアメリカ覇権の凋落と中国の台頭という世界の変化を理解する上では、

国際政治経済学における「覇権安定理論」という理論の助けがいる。
「覇権安定理論」を唱えたのは、リアリズムに立つ国際政治経済学者**ロバート・ギルピン**である。ギルピンは、１９８１年に『戦争と世界政治における変化』を著し、次のように論じた。

そもそも、リベラルな国際政治経済秩序は、その国際秩序を守護する覇権国家を必要とする。19世紀であれば大英帝国、20世紀の西側世界であればアメリカが覇権国家である。

ところが、覇権国家に支えられた国際政治経済秩序は、その成功ゆえに、いずれ崩れる運命にある。その理由は、次の通りである。

世界各国は、覇権国家が守護する安定的な国際政治経済秩序の恩恵を受けて繁栄する。ただし、そうした国際秩序の恩恵によって国力を向上させた国々の中から、新興大国が台頭し、既存の覇権国家に挑戦するようになる。言わば、覇権国家は、自らの手でライバルを育ててしまうのである。その結果、パワーの不均衡が生じ、秩序は不安定化する。

ロバート・ギルピン
Robert Gilpin（1930～2018）。アメリカの国際政治経済学者。バーモント大学卒業後、コーネル大学で修士号、カリフォルニア大学バークレー校で博士号取得。プリンストン大学教授。著書に、「覇権安定理論」を唱えた『戦争と世界政治における変化』（1981年）、『多国籍企業没落論　アメリカの世紀は終わったか』（1975年）、『グローバル資本主義　危機か繁栄か』（2001年）など。

パワーの不均衡を解消するのは、「戦争」である。すなわち、既存の覇権国家と、それに挑戦する新興大国が激突するのである。これが「覇権戦争」である。

実際、19世紀の大英帝国の覇権が支える国際秩序の下では、アメリカとドイツが新興大国として台頭し、大英帝国の地位を脅かすようになった。イギリスに対するドイツの挑戦は、第一次世界大戦へと発展した。そして二度の世界大戦を経て、アメリカが、イギリスにとって代わって覇権国家となったのである。[82]

ミアシャイマーの恐るべき「洞察力」

この覇権安定理論は、冷戦後の世界にも当てはまるのは明らかであろう。

アメリカは、ソ連亡き後、唯一の覇権国家として、リベラルな国際政治経済秩序の建設を目指した。そして、そのリベラルな国際秩序に中国を組み入れた。

しかし、その結果、中国は経済的そして軍事的にも強力になり、東アジアにおけるアメリカの覇権を脅かすようになった。アメリカは、自らの手でライバルを育ててしまったのである。まさに、覇権安定理論が予測した通りであった。

リアリズムは、確かに、中国の台頭という予測を導き出す理論である。例えば、**ジョン・ミアシャイマー**は、２００１年に著した『大国政治の悲劇』の中で、次のように論じていた。

大国は、自国の安全保障を確保するために、地域内にライバルのいない「地域覇権」となることを目指して勢力を拡大するものである。欧州では、18世紀のフランスや19世紀後半から20世紀前半のドイツ、西半球ではアメリカ、東アジアでは帝国日本、あるいはユーラシア大陸のソ連など、いずれも地域覇権を目指してライバルとなる国家と戦争を繰り広げた[83]。

したがって、今後、リベラリズムが期待するように、中国が平和的に台頭するようなことは、あり得ない。中国は、必ずや東アジアにおける地域覇権を目指すはずである。その時、障害となるアメリカや日本との衝突は不可避

WENN-アフロ

ジョン・ミアシャイマー
John Joseph Mearsheimer（１９４７～）。アメリカの政治学者、国際関係学者、空軍軍人。シカゴ大学政治学部教授。「攻撃的現実主義（オフェンシブ・リアリズム）」の代表的論者。１９９４年のウクライナの核放棄に反対し、ロシアの侵略を予言。イラク戦争に反対。２０１９年の民主党予備選では、経済的不平等がアメリカ最大の問題であるとし、バーニー・サンダース候補を推した。著書に『大国政治の悲劇』（２００１年）など。

である。ミアシャイマーは、2000年代には、すでにそう予見していた。[84]恐るべき洞察力である。

アメリカの「楽観論」と中国の「戦略思考」

また、2010年には、アメリカ海軍大学教授の**トシ・ヨシハラ**と**ジェームズ・ホームズ**が、その著書『太平洋の赤い星』の中で、中国の戦略家たちが、**鄧小平**の「改革開放」以降、アメリカの戦略家**A・T・マハン**の強い影響を受けていると指摘していた。

中国の戦略家たちは、国家の経済発展には制海権の掌握が不可欠であるというマハンの「シーパワー」の概念を解釈して、中国の経済発展と海洋進出のためには、海軍力の強化が必要だと考えたのだ。

冷戦終結後の世界では、グローバル化が進展することで国家は後退し、領土をめぐる国家間の紛争は無意味になるというリベラリズムの楽観論が支配していた。日本も、この楽観論を信じた。

トシ・ヨシハラ
Toshi Yoshihara（1972〜）。アメリカ海軍大学教授。専門は軍事戦略。特に中国軍事戦略のアナリストとして高い評価を得ている。前職はアメリカ空軍大学の戦略学部客員教授。タフツ大学フレッチャー法外交学校で博士号を得る。著書に中国の海洋戦略を分析した『太平洋の赤い星』（ジェームズ・ホームズとの共著）など。

ジェームズ・ホームズ
James R. Holmes アメリカ海軍大学教授。ジョージア大学公共国際問題上級研究員。タフツ大学フレッチャー法外交学校で博士号を取得。元アメリカ海軍将校として第一次湾岸戦争に従軍した。著書に、中国の海洋戦略を分析した『太平洋の赤い星』（トシ・ヨシハラとの共著）など。

ところが、中国は、グローバル化が進むからこそ海軍力が必要になるという、リベラリズムとはまったく逆の戦略的思考に立っていたのである。

ヨシハラとホームズは警鐘を鳴らした。

「今日の西側の研究者たちは、地政学に注意を払わず、グローバル化と相互依存の時代には、絶望的に時代遅れで無関係なものとみなしている。彼らは、国際政治における地理の役割を軽視し、その過程で、自分たちの世界観を他の大国にも当てはめる。しかし、中国の学界の大多数は、まさに正反対の方向に向かっているのは、文献から明らかだ[85]。」

「中国に敗北する」と報告したアメリカ国防戦略委員会

2011年には、国際政治学者の**アーロン・フリードバーグ**が『支配への競争』を著し、中国とアメリカがアジアの覇権を巡って争うであろうという予測を示していた[86]。

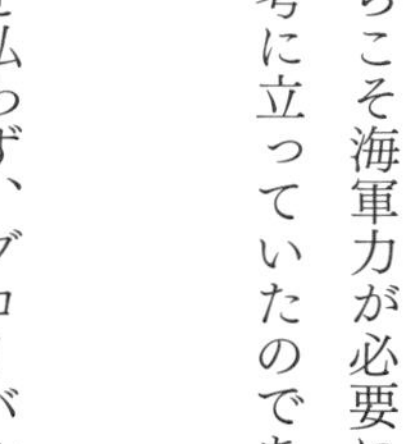

AP-アフロ

鄧小平
とう・しょうへい（1904〜1997）。中華人民共和国第2代最高指導者（1978年12月22日〜1989年11月9日）。文化大革命の際に失脚したが、1970年代に復活。実権を掌握すると、毛沢東時代の政策を転換し、経済改革・開放路線を推進。現代の中華人民共和国の路線を築いた。1989年6月の天安門事件では武力弾圧に踏み切った。

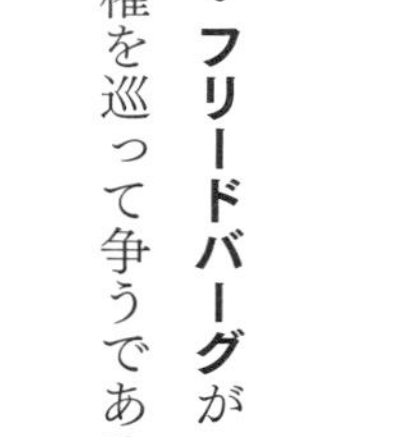

Everett Collection-アフロ

この中でフリードバーグは、米中関係を決定する七つの要因を挙げて、検証している。それらの要因とは、「国力の差の縮小」「イデオロギーの相違」「経済的相互依存」「中国の自由民主化」「中国の国際制度への編入」「米中共通の脅威」そして「核兵器の存在」である。

このうち、「国力の差の縮小」「イデオロギーの相違」は、米中の対立を深める方向へと働き、残りの五つは対立を緩和する方向へと働く。リベラリズムであれば、「経済的相互依存」「中国の自由民主化」「中国の国際制度への編入」を重視し、中国の平和的台頭を予測するであろう。しかし、フリードバーグは、「国力の差の縮小」「イデオロギーの相違」という対立を激化させる要因の方がより強力であると論じた。

2011年当時、この七つの要因はほぼ拮抗し、米中関係は均衡が保たれているかに見えていた。しかし、この均衡は脆弱なものであるとフリードバーグは診断していた。

もっとも、中国もまた、そのアジア覇権への野心にもかかわらず、アメリカと軍事的に衝突することは、極力回避しようとするであろう。ただし、問

A・T・マハン
Alfred Thayer Mahan（1840～1914）。アメリカ海軍の軍人、歴史家、軍事理論家。海軍少将。海軍兵学校卒業後、南北戦争に従軍。ニューポート海軍大学学長、アメリカ歴史学会会長などを歴任。平和時の通商・海軍活動も含めた広義の「シーパワー理論」を構築し、世界の海軍戦略に決定的な影響を与えてきた。『海上権力史論』（1890年）など著書多数。

アーロン・フリードバーグ
Aaron Louis Friedberg（1956～）。アメリカの国際政治学者。プリンストン大学教授。専門は国際関係、外交・防衛政策、東アジアの安全保障。ジョージ・W・ブッシュ政権ではチェイニー副大統領の国家安全保障担当副補佐官を務めたほか、2012年大統領選ではロムニー共和党大統領候補に外交政策を助言した。著書に『支配への競争　米中対立の構図とアジアの将来』（2011年）など。

題は、台湾である。もし中国が、軍事的にであれ平和的にであれ、台湾を併合したら、地政学的なパワー・バランスは一変し、一挙に中国は優位に立つであろう。フリードバーグは、そのように警告したのだった。

そして、それから10年後の現在、中国による台湾侵攻が現実味を帯びていることを、我々はすでに知っている。

例えば、2018年、アメリカ議会の諮問による国防戦略委員会の報告書は、もしアメリカが台湾を巡って中国と交戦状態になったら敗北するだろうと書いている[87]。

また、2021年3月9日、米インド太平洋軍の**フィリップ・デービッドソン**司令官は、上院軍事委員会の公聴会で、今後6年以内に中国が台湾を侵攻する可能性があると証言した[88]。

さらに、デービッドソンの後任の**ジョン・アキリーノ**は、上院軍事委員会の指名承認公聴会で、中国による台湾侵攻は、大半の人々が考えているよりもはるかに切迫していると述べ、デービッドソンよりも強い危機感を表明したのである[89]。

ロイター - アフロ

フィリップ・デービッドソン
Philip "Phil" Scot Davidson（1960～）。アメリカ海軍の軍人、海軍大将。第6艦隊（欧州担当）の司令官を経て、2014年アメリカ艦隊総軍の司令官に就任。2018年4月、トランプ大統領により、アメリカ太平洋軍（現・アメリカインド太平洋軍）の司令官に指名された。

UPI- アフロ

ジョン・アキリーノ
John C. Aquilino（1962～）。ア

ちなみに、２０１１年の『支配への競争』の中で、フリードバーグは、アメリカがアジアの同盟国との関係を強化し、アジア諸国が中国の経済力に引き寄せられないようにバランスを維持すべきだと提言していた。

すなわち、中国が、アメリカ抜きでアジア諸国と貿易協定を締結するような事態は避けるべきだということである。しかし、それからおよそ10年後、フリードバーグの提言に反して、中国、日本、韓国、東南アジア諸国連合（ＡＳＥＡＮ）など15ヵ国が参加する包括的経済連携協定（ＲＣＥＰ）が成立することとなった。

無視された「警鐘」

アメリカにおいてリアリストの国際政治学者や軍事専門家たちが、米中の覇権戦争の可能性について真剣に議論していた２０１０年代、政治学者**グレアム・アリソン**は、覇権を巡る戦争を、古代ギリシアのアテネとスパルタの覇権戦争を描いた歴史家**トゥキディデス**にちなんで、「トゥキディデスの罠」

メリカ海軍の軍人、海軍大将。海軍兵学校、海軍戦闘機兵器学校（トップガン）などを卒業後、イラク戦争などに従軍。２０２１年３月、バイデンにより、フィリップ・デービッドソンの後任としてアメリカインド太平洋軍の司令官に指名された。

AP-アフロ

グレアム・アリソン
Graham T. Allison（１９４０～）。アメリカの政治学者。ハーバード大学ケネディ行政大学院の初代院長。現在は、同大学ベルファー科学・国際問題研究センター所長。第一期クリントン政権の政策担当国防次官補として、対ロシア（旧ソビエト）政策を担当。専門は対外政策論、核戦略論。主著に、キューバ危機を分析した『決定の本質 キューバ・ミサイル危機の分析』（１９７１年）など。

と呼んで、話題となっていた。アリソンによれば、過去５００年間で覇権争いは16事例あったが、うち12事例は戦争に至ったという[90]。

今日、国際政治学者や軍事専門家たちが懸念しているのは、もちろん、東アジアにおけるアメリカと中国の覇権戦争である。

奇しくも、２０１４年は、イギリスとドイツの覇権戦争とも言うべき第一次世界大戦の開戦から百年に当たる年だった。そうしたこともあり、アメリカと中国が「トゥキディデスの罠」に陥り、戦争に至るのではないかという議論が巻き起こっていた。

それにもかかわらず、２０１０年代のアメリカは、リベラリズムの戦略を維持したどころか、軍事費を削減してきた。２０１５年に至ってもなお、オバマ政権の「国家安全保障戦略」には、次のようなことが書かれていたのである。

「合衆国は、安定的、平和的、繁栄した中国の台頭を歓迎する。我々は、両国国民に利益をもたらし、アジアそして世界の安全と繁栄を促進するような、

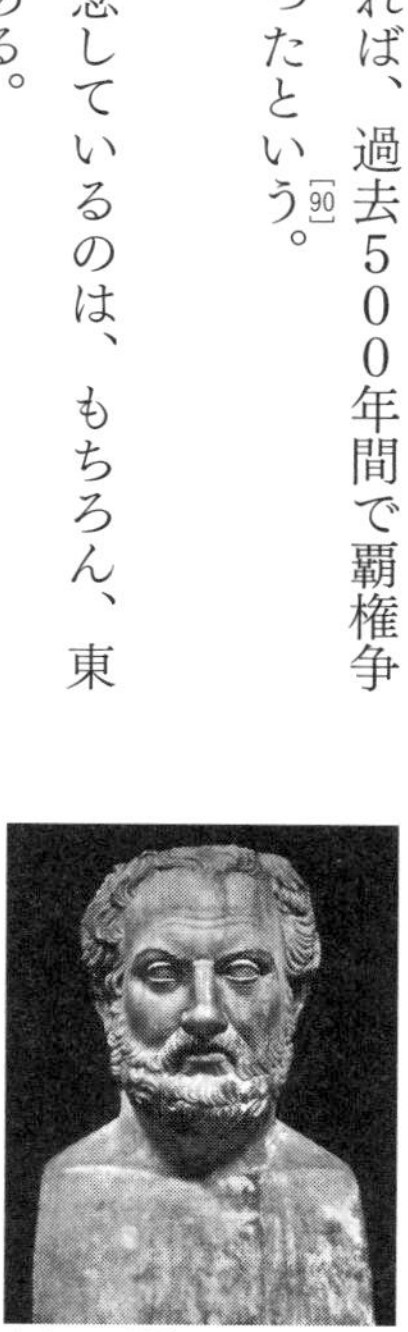

akg-images- アフロ

トゥキディデス
Thukydides（ＢＣ４６０頃～ＢＣ４００頃）。古代ギリシアの歴史家。紀元前４３１年にアテネとスパルタとの間に勃発したギリシアの覇権をかけたペロポネソス戦争を実証的に描いた『歴史』を執筆。トゥキディデスはこの戦争に将軍として一時参加したが、紀元前４２２年のトラキア・アンフィポリス近郊での失敗により失脚、20年の追放刑に処された。

中国との建設的な関係の発展を追求する。[91]」

自衛隊を圧倒するに至った「中国の軍事力」

こうした中で、日本と中国のパワー・バランスは、どうなるのであろうか。

2020年5月、ヨシハラは、「過去十年間で、中国海軍は、艦隊の規模、総トン数、火力等で、海上自衛隊を凌駕した」とする重要な分析[92]を公表した。そこで、ヨシハラは、「今日の中国の海軍力は十年前とは比較にならない。中国海軍に対する従来の楽観的仮定はもはや維持不可能である」と指摘したのである。

この中で、ヨシハラは、日中の戦力を詳細に比較しているが、いくつか例示すると、図4のように、中国の軍事費（購買力平価ベース）は日本の5倍にもなっている。

また、1990年代前半時点で、日本は主要な水上戦闘艦の数と性能の点で中国を圧倒していたが、2000年代には、両者はほぼ均衡状態になった。そして、2020年時点において、中国海軍は、海上自衛隊の2・5倍の主要な水上戦闘艦を保有するに至っている。

また、火力に関しても、海上自衛隊は中国海軍より約10年早くVLS（垂直発射システム）を導入したにもかかわらず、中国海軍は、2017年までにVLSセルの総数で海上自衛隊を超えた。2020年には、中国海軍のVLSセルの総数は海上自衛隊よりも75％も多くなった（図5）。

その結果、中国の政治家や軍の指導者は、自国の軍事的優位に自信をもつに至った。今後、中国は、尖閣諸島など局地的な紛争において攻勢的な戦略を採用するであろうとヨシハラは論じた。

要するに、東アジアの国際秩序を支えてきた軍事バランスが崩壊しつつあるというのだ。

どうして、こうなってしまったのか。

図4を見れば一目瞭然であろう。中国はこの20年間、軍事費を急増させて

図４　日中の国防支出額の比較（1989-2019）

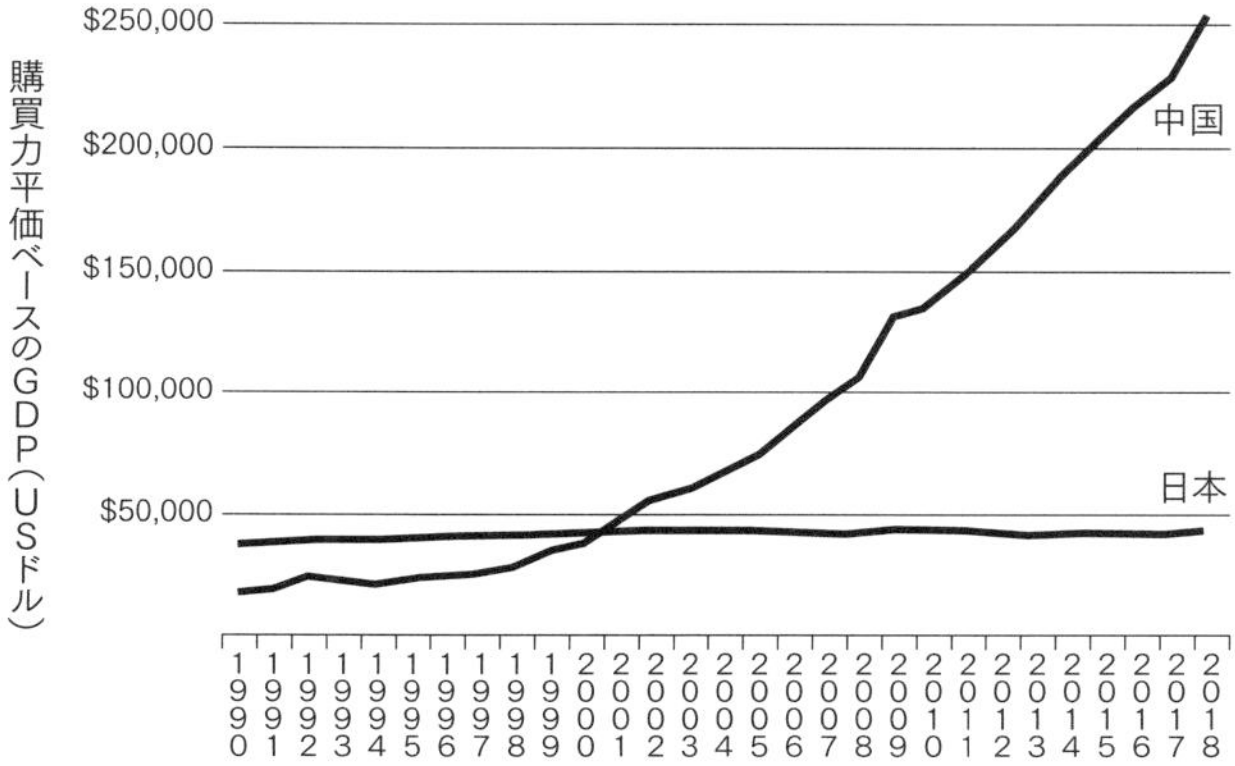

出典：Yoshihara(2020:9,figure2A)

図５　日中の駆逐艦搭載 VLS セル数と VLS 総セル数（1990-2020）

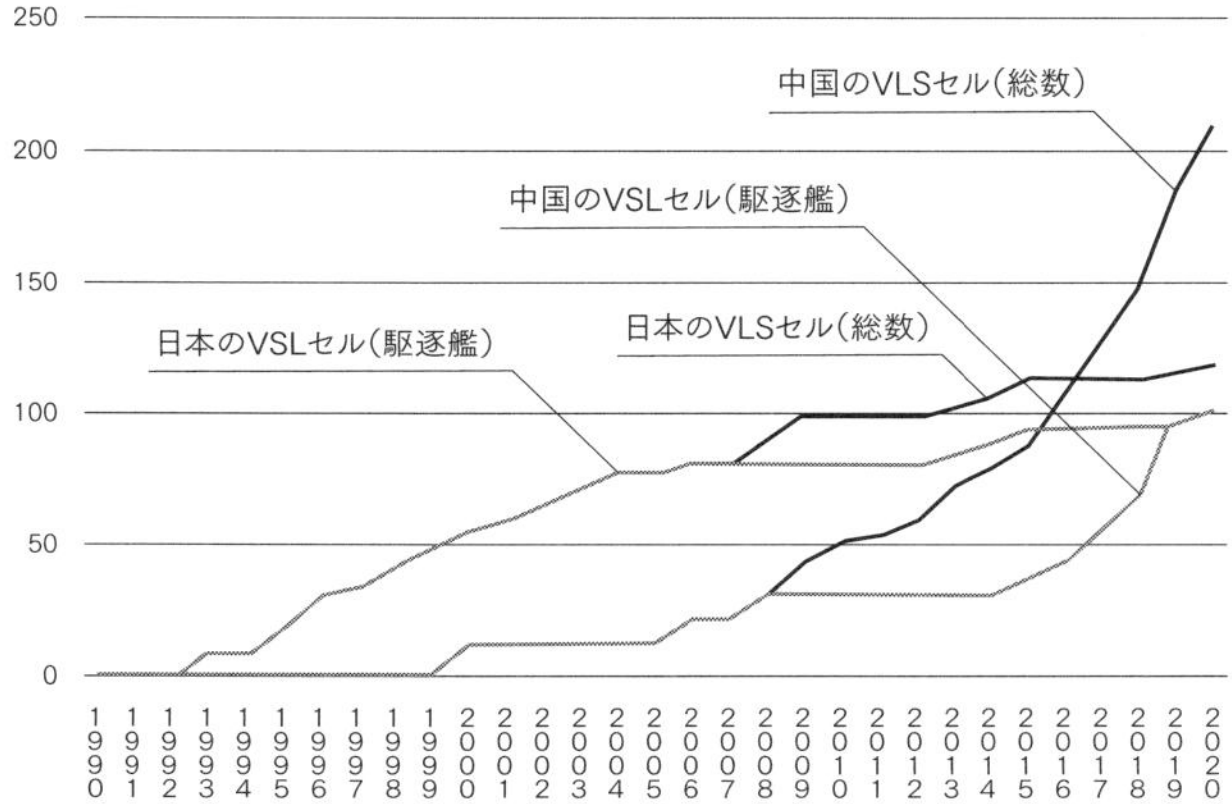

出典：Yoshihara(2020:16,figure6)

きたが、日本の防衛費はほぼ横ばいである。これでは、軍事バランスが崩れるのも当然である。

すでに述べたように、10年前、ヨシハラとホームズは、『太平洋の赤い星』の中で、マハンに学んだ中国の戦略研究家たちが、強力な海軍の建設を目指していると警鐘を鳴らしていた。

ホームズは、2012年、日中間で尖閣諸島をめぐる軍事衝突が起きた場合のシミュレーションを考察し、日本は、米軍の支援が得られれば、苦戦しつつも勝利するだろうと結論した。[93] つまり、当時はまだ、日本はぎりぎり領土を守れたのだ。

しかし、それから今日までに、中国は軍事費を1・5倍以上にしたというのに、日本の防衛費は微増に過ぎなかった。

決定的な「誤ち」を犯した日本政府

この決定的な10年間、日本はいったい何をやってきたのか。

2012年に成立した安倍晋三政権は、「自由、民主主義、法の支配といった普遍的価値を共有する国々とのルール作りは、安全保障上の大きな意義がある」などとリベラリズム丸出しの論理を掲げて、ＴＰＰをはじめとする自由貿易を推進する一方で、財政健全化を理由に防衛費を抑制してきたのである。他方で、安倍政権は、安全保障に関心が薄かったわけではなく、例えば、集団的自衛権行使容認の法整備などを強力に推し進め、日米同盟の強化に努めてきた。要するに、グローバル化の推進と日米同盟の強化が、安倍政権の外交戦略の柱だったのである。もっとも、これは、冷戦終結後、いや第二次世界大戦後の日本の外交戦略の基本を踏襲したものと言える。

しかし、２０１０年以降の10年間で、世界はすっかり変わっていた。

特に、ヨシハラとホームズが警告したように、中国はグローバル化と共に海軍力を著しく強化していた。したがって、グローバル化は、中国の軍事的な脅威の増大を招くものと認識すべきだった。ところが、日本はその認識を欠き、防衛力の強化を怠った。

その代わりに、日本は、日米同盟を強化しようとしてきた。しかし、いくら日米同盟を強化しようが、問題は、肝心のアメリカの軍事的優位がこの10

年間で失われたことにあるのだから、実行すべきであったのは、自国の防衛力を強化することのはずであった。

にもかかわらず、安倍政権における防衛力の強化は、まったく不十分なものであった。そして、リベラリズムの理念にしたがって、TPPに安全保障上の意義を期待したが、トランプ政権はその期待を早々に裏切って、TPP交渉から離脱した。

さらに、バイデン政権の国家安全保障問題担当大統領補佐官のジェイク・サリバンが、「安全保障コミュニティは、TPPについて、その実際の中身を吟味もせずに、何の疑問も抱かずに支持していた」とこき下ろしたことは、前章において確認した通りである。

他方、我が国は、アメリカは参加せず、中国が参加する地域連携協定であるRCEPの加盟国となり、さらに中国は、TPPへの加盟を申請した。しかし、この間、中国は尖閣諸島の周辺海域への公船の侵入を繰り返し、またRCEPやTPPの加盟国であるオーストラリアとの対立を深めている。ここまでくると、自由貿易協定に安全保障上の意義を見出そうとする議論は、もはや滑稽でしかない。

「リベラル覇権戦略」の無残な失敗

これまでの議論で、リベラリズムに基づくポスト冷戦戦略が、中国の軍事的台頭を招いたことを明らかにしてきた。だが、失敗は、それだけではなかった。

リベラリズムの経済面は、国境を超えたグローバルな経済活動が経済的繁栄をもたらすという新自由主義的な信念に支えられていた。それゆえ、リベラリズムの戦略には、グローバル化を推進するという側面があった。

しかし、金融市場のグローバル化は、アジア通貨危機やITバブルの崩壊など、金融危機を頻発させるようになり、ついには2008年、世界金融危機を引き起こすに至ったのである。その世界金融危機以降、アメリカをはじめとする先進国経済が長期停滞の様相を顕著にするようになったことは、第二章で述べたとおりである。

さらに、グローバル化は、先進諸国、特にアメリカ国内の労働者に打撃を与え、所得格差を著しく拡大させていることが明らかとなった。

2016年、著名な経済学者**デイヴィッド・オーター**は、共同研究者らと共に「チャイナ・ショック」という論文を発表し、大きな話題となった。この論文によると、1999年から2011年の間に、中国からの輸入によって、アメリカの雇用が240万人以上、失われたというのである。

主流派経済学の貿易理論によれば、自由貿易は貿易当事国双方に恩恵を与えるものとされていたが、オーターらの実証分析はそれを否定したのであった[94]。

2016年の大統領選において、ドナルド・トランプは、中国に雇用を奪われていると訴えていたが、この点に関して、彼の主張は間違いではなかったのである。実際、ピューリサーチセンターの世論調査によれば、2012年を境として、アメリカ国民の反中感情が親中感情を上回っている。

要するに、アメリカは、自らが望んだリベラルな国際経済秩序によって、中国のパワーを強大化させ、自国のパワーを衰退させたのである。それだけではなく、トランプ政権に象徴されるように、アメリカ内におけるリベラルな価値観すらも、危機に瀕している有様だ。これを、リベラル覇権戦略の失

デイヴィッド・オーター
David H. Autor（1967〜）。アメリカの経済学者。マサチューセッツ工科大学（MIT）経済学教授。専門は労働経済学。中国からの輸入によって、アメリカの雇用が240万人以上失われたとする論文「チャイナ・ショック」（共同執筆）をはじめ、貿易と技術がアメリカの労働市場に与えた影響を精緻に分析した画期的な研究によって一躍有名になった。

Monica A. King-DoD-picture alliance-アフロ

敗と言わずして何と言おう。

かつてない「危機」に直面する日本

そして、アメリカのリベラル覇権戦略に追随するばかりで、アメリカ覇権の凋落や中国の台頭という現実から目をそむけ続けて来た日本は、かつてない安全保障上の危機に直面しつつある。

バイデン政権の国防長官の**ロイド・オースティン**は、上院軍事委員会公聴会で、同盟諸国とともに中国に対抗する意向を表明したのだが、その際、彼は「中国はすでに地域覇権である」と発言した[95]。

ここでオースティンが「地域覇権」という言葉を使ったことは、注目に値する。というのも、すでに述べたように「地域覇権」というのは、リアリズムの学説の一つである「攻撃的リアリズム」における重要な概念だからだ。

同じくリアリズムに立つ国際政治学者の**ジェニファー・リンド**は、２０１

ロイド・オースティン
Lloyd James Austin III（１９５３〜）。アメリカの政治家、軍人。最終階級は陸軍大将。バイデン政権で第28代アメリカ合衆国国防長官を務めている。イラク戦争において多国籍軍団や駐留アメリカ軍の司令官を務め、２０１３年3月からアメリカ中央軍（ＣＥＮＴＣＯＭ）の第12代司令官に任命され、アフリカ系アメリカ人として初の中央軍司令官となった。

ジェニファー・リンド
Jennifer Lind アメリカの国際政治学者。マサチューセッツ工科大学（ＭＩＴ）で博士号を取得。ダートマス大学准教授。専門は、国際関係、東アジアの国際安全保障、東アジアに対するアメリカの外交政策。著書に、『謝罪国家：国際政治における謝罪』（２００８年）など。

8年、「日本は、中国の地域覇権を受け入れるか否か、決断すべきだ」と論じた。中国が、東アジアの地域覇権となるのは時間の問題だという判断からである。

リンドは言う。東アジアにおける清朝や帝国日本、東欧におけるソ連のように、地域覇権は、周辺国を軍事力や経済力で脅かし、国内政治に介入し、文化にまで影響を及ぼすものであり、中国はすでにそうしようとしている。

しかも、中国の日本に対する歴史的な恨みは深い。そういう中国の地域覇権の下で生きていくということで、日本は本当によいのか。それが嫌ならば、日本は安全保障政策を抜本的に転換して、防衛力を抜本的に強化するしかない。アメリカはもはや単独で中国に対抗する能力はないし、その意志すらないのだから。リンドはそう問いかけていたのである。[96]

ところが、2021年初頭、その「地域覇権」に中国はすでになっているという認識を、アメリカの国防長官が公式に示したのである。要するに、東アジア情勢は、大方の日本人が考えているよりもはるかに切迫しているということだ。

「覇権戦争」を回避する三つの方法

リアリストであるジョン・ミアシャイマーの理論によれば、大国は、地域覇権を目指して、ライバルとなる国との戦争を引き起こすという。だとするならば、米中の覇権戦争は不可避なのだろうか。それを回避する方法はないのであろうか。

「覇権安定理論」を唱えたギルピンは、1981年の『戦争と世界政治における変化』の中で、覇権戦争を回避するには、「共存」「同盟」「撤退」の三つの選択肢があると論じていた。

「共存」とは、既存の覇権国家と新興国家が共存するという戦略だが、これは最も難しいとギルピンは言う。実際、オバマ政権は米中の共存を目指したが、失敗した。

「同盟」は、覇権国家が同盟諸国と協力して、新興国家を封じ込めるというものである。しかし、「同盟」も容易ではないとギルピンは言う。

なぜなら、同盟諸国は覇権国家にただ乗りしようとするし、覇権国家は同盟諸国が引き起こす紛争に巻き込まれるリスクを負わなければならないからだ。アメリカでは、ヨーロッパ諸国や日本など同盟国の負担が軽いという不満が常にくすぶっており、トランプ政権は、実際にその不満を表明していた。

とりわけ、アジアにおけるアメリカの同盟関係は、「中国に経済的に依存している国が多い」「日韓のように歴史問題の対立を抱えている国がある」「アメリカと同盟諸国とが地理的に離れすぎている」等の問題があって、中国の脅威に対して有効に機能しにくい。

日本にとって、背筋が凍るような「戦略」

さて、「共存」も「同盟」も失敗するとなると、残る選択肢は「撤退」である。すなわち、アメリカは東アジアから手を引くということである。

リアリストの国際政治学者**クリストファー・レイン**は、かねてより「撤

クリストファー・レイン

退」を主張してきた。西半球におけるアメリカの地域覇権の維持を重視し、ヨーロッパ、北東アジア、中東など、海を隔てた地域の紛争には、アメリカの軍事介入を最小限にして国力を温存しつつ、同盟諸国によって地域覇権に対抗させることで、勢力均衡を目指す。これは「オフショア・バランシング」と呼ばれている戦略である。

中国は明らかに「地域覇権」を目指しているから、アメリカが東アジアにとどまる限り、両国の衝突は不可避である。

しかし、アメリカが東アジアから撤退しても、自国の安全保障が脅かされるわけではないし、その方が自国の国内問題に集中できてよい。そうすれば、米中は、太平洋を挟んで共存できるだろうというのである。

したがって、中台関係には不介入を貫き、尖閣諸島が日米安保条約の適用内であるという宣言は撤回すべきだ。中国の南シナ海の領有権の主張には柔軟に対応し、韓国からは米軍を撤退させるのがよい。中国の内政には干渉すべきではない。これがレインの主張である。[97]

Christopher Layne（1949〜）。アメリカの政治学者。テキサスA&M大学教授。国際関係論およびアメリカ外交戦略論が専門。ヴァージニア大学ロースクール修了。ケンブリッジ大学コーパス・クリスティ・カレッジで歴史学を学んだ後、カリフォルニア大学バークレー校で政治学の博士号取得。著書に、『幻想の平和　1940年から現在までのアメリカの大戦略』（2011年）など。

日本からすれば、背筋が凍るような戦略であろう。しかし、国力の低下したアメリカにとって、東アジアからの「撤退」は、確かに、戦略的に合理的な選択肢であることは否定できない。

実際、ユーラシア・グループが2019年に行った世論調査によると、「近年の中国のパワーの著しい増大に対して、アメリカの対中政策はどうあるべきか」という問いに対し、「アジアの軍事プレゼンスを削減すべき」という回答が57・6%となり、特に民主党支持者にそれが多かったのである。[98]

他方、同じリアリストで、「オフショア・バランシング」を支持するジョン・ミアシャイマーと**スティーブン・ウォルト**のニュアンスは、レインとは多少異なる。

彼らは、ヨーロッパと中東からは、米軍を撤退させるべきではあるが、アジアでは引き続き同盟諸国と連携して、中国の地域覇権に対抗すべきであると論じている。

アジアの同盟諸国は、アメリカの軍事プレゼンス抜きで中国に対抗できるほど強力ではないというのが、彼らの見立てだからだ。[99] 言わば、東アジアに関してのみ「同盟」を維持し、それ以外は「撤退」という、部分的な「オフ

WENN-アフロ

スティーブン・ウォルト
Stephen Martin Walt（1955〜）。アメリカの国際政治学者。ハーバード大学ケネディ行政大学院教授。プリンストン大学助教授、シカゴ大学准教授・教授を経て、現職。イラク

ショア・バランシング」を唱えているのである。

21世紀型「覇権戦争」は、すでに始まっている

これに対して、バイデン政権は、アフガニスタンからは「撤退」をしたものの、基本的には、オフショア・バランシングを選択せず、むしろ「同盟」を強化しようとしている。

また、人権などのリベラルな価値観を強調した外交を展開しようとしている。バイデン政権は、経済面のリベラリズム（新自由主義）については修正したが、政治・外交面においては、基本的には、リベラリズムを踏襲しているのである。

しかし、政治・外交面におけるリベラリズムの戦略を展開するほどの覇権的なパワーは、すでにアメリカにはないはずである。だからこそ、リアリズムの理論家たちは、オーバー・ストレッチによる自滅を恐れ、オフショア・

戦争に対して、ジョン・ミアシャイマーらとともに、リアリズムの立場からアメリカの国益にそぐわないと批判した。『米国世界戦略の核心　世界は「アメリカン・パワー」を制御できるか?』（２００８年）など。

バランシングを主張するのである。

これに対して、バイデン政権、特にジェイク・サリバンは、リベラリズムの戦略に耐えられるだけの国力を復活させるという選択肢をとっているかにみえる。その国力の復活のために、リベラリズムの経済面（新自由主義）を放棄し、積極財政と産業政策を推し進めようとしているのである。

このバイデン政権の戦略によって、中国との覇権戦争は回避できるのであろうか。このような疑問が生じるのは、当然であろう。

しかし、この「覇権戦争が回避できるか否か」という問題設定は、実は、適切ではないのである。

なぜならば、21世紀における戦争は、それ以前とは異なる形態となっており、しかも、その21世紀型の覇権戦争は、実は、すでに始まっているからだ。その意味については、次章において明らかになるであろう。

第六章 ハイブリッド軍国主義

「総力戦」「冷戦」とも異なる「現代の戦争」

令和二年度防衛白書は、現在の安全保障環境の特徴として、こう書いている。

第一に、国家間の相互依存関係が一層拡大・深化する一方、中国などのさらなる国力の伸長などによるパワーバランスの変化が加速化・複雑化し、既存の秩序をめぐる不確実性が増している。こうした中、自らに有利な国際秩序・地域秩序の形成や影響力の拡大を目指した、政治・経済・軍事にわたる国家間の競争が顕在化している。

このような国家間の競争は、軍や法執行機関を用いて他国の主権を脅かすことや、ソーシャル・ネットワークなどを用いて他国の世論を操作することなど、多様な手段により、平素から恒常的に行われている。こうした競争においては、いわゆる「ハイブリッド戦」が採られることがあり、相手方に軍事面に止まらない複雑な対応を強いている。また、いわゆるグレーゾーンの事態が国家間の競争の一環として長期にわたり継続する傾向にあり、今後、さらに増加・拡大していく可能性がある。こうしたグレーゾーンの事態は、明確な兆候のないまま、より重大な事態へと急速に発展していくリスクをはらんでいる。

防衛白書によれば、「ハイブリッド戦」とは、「軍事と非軍事の境界を意図的に曖昧にした現状変更の手法」であり、具体的には、国籍を隠した不明部隊を用いた作戦、サイバー攻撃による通信・重要インフラの妨害、インターネットやメディアを通じた偽情報の流布などが例示されている。

また、このハイブリッド戦の手法により、純然たる平時でも戦時でもない曖昧な「グレーゾーンの事態」が長期にわたって継続する傾向にあるとも指摘している。[100]

前章において、覇権戦争の可能性を論じたが、現代の戦争の特徴が、この「ハイブリッド戦」だと言うならば、過去の二度の世界大戦が総力戦であり、米ソの覇権戦争が核抑止力を背景とした冷戦となったように、今日の覇権戦争は、「ハイブリッド戦」のそれとなるであろう。であるならば、現代の戦争形態である「ハイブリッド戦」について、考察を深めておく必要がある。

「幻想」と「ハイブリッド戦」

ハイブリッド戦については、軍事研究家の間で、21世紀型の戦争として、さかんに論じられてきた。

ハイブリッド戦に関する代表的論者の一人であるポトマック政策研究所の**フランク・ホフマン**によれば、ハイブリッド戦とは、誰が戦うかや、どんな技術を用いるかといった形態の境界をなくし、正規軍のみならず、非正規軍、無差別テロ、犯罪など、多様な手法を複合的に用いるような、多面的な姿をした戦争である。[101]

もっとも、そのような意味におけるハイブリッド戦は、21世紀に入ってから現れたというわけではない。

それどころか、ハイブリッド戦の歴史は古く、アメリカ独立戦争、ナポレ

フランク・ホフマン
Frank G. Hoffman　アメリカの軍事研究家。ジョージ・メイソン大学、海軍戦略大学を卒業、キングス・カレッジ・ロンドンで博士号を取得。海兵隊予備役を中佐で引退したのち、国防総省などで勤務。ポトマック政策研究所。専門は、防衛政策、軍事戦略、国家安全保障など。ハイブリッド戦に関する代表的論者の一人。

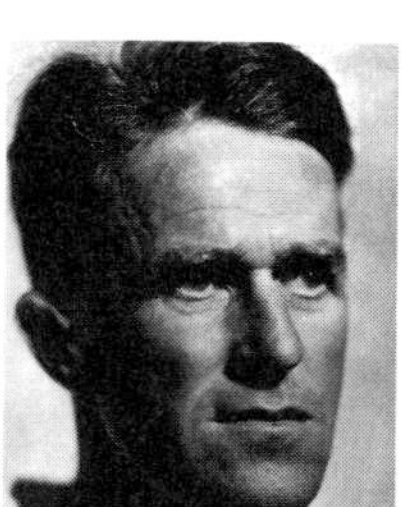
Interfoto-アフロ

T・E・ロレンス
Thomas Edward Lawrence（1888～1935）。イギリスの軍人、考古学者。「アラビアのロレンス」として知られる。第一次大戦中、陸

オン戦争、南北戦争でも見られたし、アラブの反乱に関与した**T・E・ロレンス**、日本軍や国民党軍と戦った**毛沢東**、あるいはヴェトナム戦争の北ヴェトナム軍も、ハイブリッド戦を展開した。その意味では、ハイブリッド戦は、以前から存在したのである。

それにもかかわらず、西洋の軍事研究者たちは、境界が曖昧になった戦争のもつ意味を直視しようとしてこなかった。それは、冷戦終結後、アメリカ一極支配の幻想が広まっていたこととも関係しているであろう。アメリカの覇権による「パックス・アメリカーナ」が、戦争を過去のものにするであろうという幻想である。

しかし、2001年9月11日のアルカイーダによる同時多発テロは、戦争の時代が終わったのではなく、戦争の形態がこれまでとは変わったということを印象付けることとなった。

それは、正規の国軍による戦時国際法にのっとった軍事攻撃ではなく、テロリスト集団によるテロ攻撃ではあった。しかし、当時の**ジョージ・W・ブッシュ**大統領がいみじくも「これは戦争だ」と叫んだように、9・11テロは、

軍の情報将校として中東に配属。アラブ人によるゲリラ部隊を指導・支援して、イギリスの敵国であるオスマン帝国に対する反乱（アラブ反乱）を勝利に導いた。アラブ反乱の回想録『知恵の七柱』は、ヴェトナム戦争のゲリラ部隊でも読まれたとされる。

AP-アフロ

毛沢東
もう・たくとう（1893～1976）。中華人民共和国の政治家、軍事戦略家、思想家。中国共産党の創立党員の一人で、中華人民共和国初代最高指導者。独自のゲリラ戦略によって、日本軍や国民党軍をおおいに悩ませた。1938年に執筆した『遊撃戦論』は、ゲリラ戦略の古典として、多くのゲリラ戦争の指導者に参考とされた。

「戦争」として認識された。21世紀型の新しい戦争だというわけである。

それ以来、この新しい戦争の性格を巡っては、「第四世代戦争」「複合戦争」「非線形戦争」「非対称戦争」など、様々な概念が提出されてきたが、それらはおおむね「ハイブリッド戦」という用語に収斂したようである。

安全保障体制の「死角」

ホフマンは、ハイブリッド戦の主体は、テロリストなどの非国家主体だけではなく、国家もあり得ると明言している。

とは言え、9・11テロやその後のアメリカによる「テロとの戦い」の影響もあって、ハイブリッド戦の議論の対象とされたのは、アルカイーダやヒズボラなどの非国家主体、あるいは小国によるものが中心であった。

しかし、2010年代半ばからは、国家主体、それも大国によるハイブリッド戦にも注目が集まるようになった。転機となったのは、2014年のロシアによるウクライナからのクリミアの奪取である。

Eric Draper-The White House-AP-アフロ

ジョージ・W・ブッシュ
George Walker Bush（1946〜）。アメリカ合衆国第43代大統領（2001年1月20日〜2009年1月20日）。共和党。父は第41代大統領ジョージ・H・W・ブッシュ。2001年9月11日の同時多発テロ事件を受け、世界的な「テロとの戦い」を発表。アフガンに侵攻し、タリバン政権を打倒したほか、2003年にイラク戦争を起こし、サダム・フセイン政権を打倒・排除した。

この時、ロシアは、伝統的な正規軍と非正規兵による作戦行動を組み合わせただけでなく、ウクライナ国内の反体制運動の支援、経済的強制、サイバー攻撃、集中的なディスインフォメーション（偽の情報の流布）などを駆使した。

このロシアのハイブリッド戦において注目すべきは、後者の反体制運動の支援やディスインフォメーションなどといった非軍事的な手段を多用したことであった。[102] というのも、非軍事的な手段による侵略は、既存の安全保障体制の死角に入ってしまうものだったからだ。

例えば、ヨーロッパの安全保障の柱石は、NATO（北大西洋条約機構）という枠組みである。

NATOの根拠法である北大西洋条約は、その第五条において、「締約国は、ヨーロッパ又は北アメリカにおける一又は二以上の締約国に対する武力攻撃を全締約国に対する攻撃とみなすことに同意する」と規定し、締約国に対して武力攻撃が行われたときには、各締約国は、その攻撃を受けた締約国を援助することとしている。

しかし、問題は、条文に「武力攻撃（armed attack）」とあることである。すなわち、ロシアがウクライナに対して行ったような、武力攻撃によらない、もしくは武力攻撃かどうか曖昧な侵略は、北大西洋条約第五条が適用されない可能性があるのだ。

要するに、NATOの枠組みは、ハイブリッド戦を想定したものではなかったということである。

したがって、NATOがハイブリッド戦に対応するには、この条約第五条の「武力攻撃」の文言を削除あるいは変更する改正を行う必要がある。しかし、多くの締約国は、そのような改正には同意しないであろう。締約国の一つが、定義を明確にできない曖昧な攻撃を受けたというだけで、ロシアを敵に回した軍事行動に参加したいとは思わないだろうからだ。[103]

こうして、ロシアによるハイブリッド戦は、第二次世界大戦後にアメリカの主導の下で構築された国際的な安全保障の法的な枠組みの盲点を突いたのであった。

「超限戦」という概念

大国によるハイブリッド戦への関心を呼び起こしたのは、ロシアのクリミア併合だけではない。台頭する中国による東シナ海や南シナ海への進出もまた、ハイブリッド戦への注目を高めることとなった。

そもそも、ハイブリッド戦の起源の一つと言われるのは、1999年に、中国の**喬良**と**王湘穂**という二人の軍人が提示した「超限戦」という概念である[104]。

卓越した軍事戦略家である喬と王は、冷戦終結後の新しい戦争の在り方を、実に的確に見通していた。彼らは、1991年の湾岸戦争におけるアメリカの作戦を注意深く観察して、そこに新しい戦争の形態が生まれたのを看て取り、それを「超限戦」と名付けた。

「超限戦」とは、主体（国家、非国家組織、国際機関など）、領域（軍事、政治、外交、経済、文化、宗教、心理など）、手段（武力攻撃、テロ、経済

喬良
きょう・りょう（1955〜）。中国の軍事戦略家、小説家。中国人民解放軍国防大学教授、空軍少将。魯迅文学院、北京大学卒業。文学作品や軍事・経済理論の著作多数。1999年に発表された戦略研究書『超限戦　21世紀の「新しい戦争」』（王湘穂との共著）のほか、代表作に長編小説『末日の門』、中編小説『霊旗』、理論書『帝国のカーブ』など。

王湘穂
おう・しょうすい　退役空軍大佐。北京航空・宇宙航空大学教授、戦略問題研究センター長。中信改革発展研究基金会副事務局長。1999年に発表された戦略研究書『超限戦　21世紀の「新しい戦争」』（喬良との共著）のほか、主な著書に『天下三分の計』『貨幣論』など。

援助、貿易制裁、外交斡旋、文化の浸透など)、段階(小規模な局地的戦闘から大戦まで)など、あらゆる区分を超え、そして組み合わせることによって遂行されるものである。

戦争の概念が「超限戦」へと変化した背景について、喬と王は、次のように論じている。

第一に、兵器が発達し、ハイテク化していくにつれ、最新鋭の兵器、すなわち「新概念の兵器」を開発・装備する軍備競争の中で、軍事費・軍事研究開発費が膨張していった。

これは、費用対効果の観点から非合理的であるばかりでなく、財政そして国民経済を圧迫し、最悪の場合は国家を破滅させることになる。実際、東西冷戦の軍備競争の結果、ソ連は経済的な負担に耐え切れずに自滅し、解体した。

いくら技術が進歩しようが、「新概念の兵器」というものには、自滅への落とし穴がある。そこで必要になるのは、「新概念の兵器」ではなく、「兵器の新概念」である。狭義の「兵器」の境界を超え、経済制裁であれ、金融市場の操作であれ、サイバー攻撃であれ、敵国首脳のスキャンダルの暴露であれ、敵に対して物質的あるいは精神的打撃を与えることができるなら、それが何であれ、「兵器」と呼んでよいというわけだ。

アメリカの不可解な「後退」

第二に、核兵器という大量破壊兵器の登場によって、人類は、必要以上の殺傷力を手に入れた結果、戦争による人類の破滅という危険性が生じることとなった。

このため、兵器の開発は、これまでのように殺傷能力を向上させるのではなく、相手の戦闘能力を失わせてコントロールすることに重点が置かれるようになった。これを「兵器の慈悲化」と言う。

敵の重要拠点をピンポイントで破壊するハイテク兵器は、「兵器の慈悲化」の一例である。しかし、狭義の兵器の概念にとどまらず、「兵器の新概念」にのっとって考えるならば、経済制裁、サイバー攻撃、あるいはディスインフォメーションなどもまた、「兵器の慈悲化」と言えるであろう。

こうして、現代の戦争は、従来の兵器概念を超えた「超限戦」となる。

ここで興味深いのは、喬と王が「超限戦」の予兆を、1991年の湾岸戦争におけるアメリカの作戦の中に看て取っていたことだった。

湾岸戦争の「砂漠の嵐」作戦は、陸、海、空、宇宙、電波など空間の境界を超え一体となった「空地一体戦」であったのだが、それだけではなく、軍事と非軍事の境界すらも超えていたのである。

例えば、アメリカの軍当局は、CNNなどメディアとも連携し、軍の動きを報じてイラク側を惑わしたり、**サダム・フセイン**を侵略者だとするイメージ宣伝を行ったりしたほか、ハイテク兵器の威力を見せつける映像を流してイラクおよび全世界に対してショックを与えたりもした。

このように、湾岸戦争は、メディア戦略が強力な武器になることを示した戦争だったのである。

ところが、湾岸戦争で戦争の革新を行った当のアメリカは、1993年版「作戦要綱」において、「非戦争の軍事行動」や「全次元作戦」といった新し

AP-アフロ

サダム・フセイン
Saddam Husayn al-Majid al-Tikriti
（1937〜2006）。イラク共和国の大統領（1979年7月16日〜2003年4月9日）、首相、軍最高司令官（元帥）などを務めた。9・11テロについて演説で「アメリカが自ら招いた種だ」と述べた。イラク戦争終結後の2003年12月13日、「赤い夜明け作戦」によりアメリカ軍に逮捕され、2006年12月30日絞首刑に処せられた。

い概念を導入しながら、その後、これらの新しい概念を放棄し、戦争の革新を中止してしまったのである。

このアメリカの不可解な後退について、喬と王は、**山本五十六**を連想している。山本は、真珠湾攻撃において、空母を使った航空機による攻撃という画期的な戦法を創造しながら、その後、自らの編み出した戦法の意義を理解せず、戦列艦のみによる海上決戦という旧来の信念に固執し続けた。アメリカもまた、同じ過ちを犯しているというのである。喬と王は、アメリカが創造し、そして放棄した「全次元作戦」の概念を継承し、それを「超限戦」として発展させたのである。

「軍事」「超軍事」「非軍事」

この中国の二人の軍人は、軍事、超軍事、非軍事の様々な手段を組み合わせることが、勝利の要諦であると強調している。その手段は、軍事、超軍事、非軍事のカテゴリーごとに、表1のように例示されている。これらの手段を状況に応じて複雑に組み合わせて、戦略目標を達成するのが「超限戦」なの

akg-images- アフロ

山本五十六
やまもと・いそろく（1884～1943）。日本の海軍軍人。第26、27代連合艦隊司令長官。1941年12月8日の日本軍によるハワイのアメリカ太平洋艦隊基地を奇襲攻撃する「真珠湾攻撃」の作戦を発案したとされる。常に先手を打つ積極策をとったが、ミッドウェー海戦でその構想は挫折。前線視察の際、ブーゲンビル島上空で乗機を撃墜され戦死。

である。

この喬と王の『超限戦』が中国共産党政権の戦略にどの程度の影響を及ぼしたのかは、分からない。しかし、中国の戦略は、『超限戦』が予見したような概念に基づいて展開されているのは明らかである。

例えば、2003年、「中国人民解放軍政治工作条例」が改定され、心理戦、輿論戦、法律戦（いわゆる「三戦」）の展開が追加された。

アメリカ国防総省によると、「心理戦」とは、敵の軍人及び文民に対する抑止・衝撃・士気低下を目的とした作戦を通じて、敵の戦闘能力を弱体化させるものである。「輿論戦」とは、内外の世論に影響を与えて、中国の軍事行動を支持し、敵が中国の利益に反する行動を追求しないようにするものである。そして「法律戦」とは、国際法や国内法を利用して、中国の法益や権益を主張し、敵国の作戦行動を無力化し、自国の行動範囲を確保するものである。なお、この「法律戦」にも、国際的な支持を獲得し、中国の軍事行動に対する政治的な反発に対処するという狙いがある。[105]

これら「心理戦」「輿論戦」「法律戦」はそれぞれ、表1の超軍事の心理戦、

表1 「超限戦」のさまざまな手段

軍事	超軍事	非軍事
核戦争	外交戦	金融戦
通常戦	インターネット戦	貿易戦
生物化学戦	情報戦	資源戦
生態戦	心理戦	経済援助戦
宇宙戦	技術戦	法規戦
電子戦	密輸戦	制裁戦
ゲリラ戦	麻薬戦	メディア戦
テロ戦	模擬戦(威嚇戦)	イデオロギー戦

出典:喬・王(2020:205)

そして非軍事のメディア戦と法規戦に対応していると言えるであろう。

「平和」と「戦争」のハイブリッド

アメリカのシンクタンクである戦略・予算評価センターの**ロス・バベッジ**は、中国のハイブリッド戦は、古くは孫子に起源をもつ中国固有のものであり、特に毛沢東の戦略思想に基づくものであると分析している。

毛沢東とその同志たちは、**蒋介石**の国民党政府や日本軍と戦っていた１９２０年代から40年代にかけて、西洋の戦略理論やマルクス・レーニン主義の思想を深く研究し、**ジョージ・ワシントン**将軍やＴ・Ｅ・ロレンスの戦術からも多くを学んでいた。

特に毛沢東は、**クラウゼヴィッツ**の『戦争論』の翻訳を読み、「戦争は、他の手段による政治である」という格率を得ただけでなく、その逆の「政治は、他の手段による戦争である」もまた真であるとした**レーニン**の見解をも強く支持するに至った。

そして、列強との全面戦争を引き起こすことなく、戦略目標を達成するた

ロス・バベッジ
Ross Babbage（１９４９〜）。オーストラリアの軍事専門家。シドニー大学で経済学の修士号を取得し、オーストラリア国立大学で国際関係の博士号を取得した。オーストラリア国防相高官、オーストラリア政府の情報分析機関である国家評価室（ＯＮＡ）のトップなどを歴任。アメリカ戦略・予算評価センターの非滞在型フェローも務める。

AP-アフロ

蒋介石
しょう・かいせき（１８８７〜１９７５）。中華民国の政治家、軍人。

めには、西洋資本主義社会において「平和」とされる状態と「戦争」とされる状態の間を利用するという戦略が有効であるという結論に達した。約言すれば、「平和」と「戦争」の境界線を曖昧にするという戦略であり、まさに「超限戦」である。

「平和」と「戦争」のハイブリッド。これこそが、アメリカとその同盟国が注意すべき、中国の戦略の特異性である。中国にとって、アメリカとその同盟国との戦いに、平時と戦時の別はないのである。

西洋社会の定義からすれば平時とされる状態においても、中国は、アメリカとその同盟国に対する「政治戦（Political Warfare）」を長期にわたって継続している。

「政治戦」とは、例えば、情報戦、サイバー攻撃、知的財産権の窃取、一帯一路、様々な手段による圧力や制裁、法的・準法的措置などである。「中国人民解放軍政治工作条例」が規定する「三戦」は、まさに政治戦である。中国のハイブリッド戦は、こうした多種多様で継続的な政治戦を巧みに組み込んでいるのである。

第3代、第5代国民政府首席、初代中華民国総統、中国国民党永久総裁。孫文の後継者として中華民国の統一を果たして、同国の最高指導者となる。第二次世界大戦では、連合国中国戦区最高統帥だったが、戦後の国共内戦で毛沢東率いる中国共産党に敗れ、1949年に台湾に移った。

Everett Collection-アフロ

ジョージ・ワシントン

George Washington（1732～1799）。アメリカの軍人、政治家であり、初代大統領（1789年4月30日～1797年3月4日）。イギリスの植民地であったアメリカ東部13州の独立運動で、大陸軍総司令官として指導的な役割を果たし、1776年に独立した後に憲法制定会議議長を経て初代大統領に就任。連邦政府の基礎の確立に努めた。

アメリカが「脆弱」である理由

ここで注意すべきは、国軍が存在しないという中華人民共和国の政治システムの特異性である。

人民解放軍は、いわゆる国軍ではなく、あくまで中国共産党のための軍隊であり、その目的は、中国共産党の政治力を強化することである。それゆえ、中国共産党の政治戦は、人民解放軍の作戦と密接に連携している。軍人と文民、戦時と平時の明確な区分を原則とする西洋諸国がやろうとするようなハイブリッド戦よりも、中国のそれの方が、はるかに統合されているということだ。

また、中国のハイブリッド戦は、間接的であり、じわじわと漸進的に遂行され、準軍事組織や民間組織を広範に活用する。アメリカやその同盟国の軍との直接的な衝突を避けつつ、戦略目標を達成するためである。これは、毛沢東の戦略思想を色濃く反映した特徴であろう。

これに対して、アメリカとその同盟国は、いわゆる「平時」において、中

akg-images- アフロ

クラウゼヴィッツ

Karlvon Clausewitz（1780～1831）。プロイセン王国の軍人、軍事学者。最終階級は少将。ナポレオン戦争にプロイセン軍の将校として参加。戦後の1818年に少将に昇進し、陸軍大学校校長として勤務。研究と著述に専念し、死後1832年に発表された『戦争論』で、戦略、戦闘、戦術の研究領域において重要な業績を示した。

Opale- アフロ

国の政治戦に対抗することは、中国を刺激して、武力衝突の引き金を引くのではないかと恐れがちである。それゆえ、アメリカとその同盟国は、中国のハイブリッド戦に対して、有効な対抗策を講じる機を逸してしまうのである。

中国のハイブリッド戦は、敵にとっては必ずしも重要ではない地点や辺境地帯から始まるという特徴もある。尖閣諸島や南沙諸島が、その典型である。これも、毛沢東の戦略思想の反映である。

毛沢東のゲリラ戦は、地方の占拠から始まり、次第に町そして都市へと拡大するものだった。これは、都市部など戦略的に重要な拠点から占拠するという西洋の戦略思想とは正反対の発想である。

さらに、中国のハイブリッド戦は、長期間にわたって忍耐強く遂行され、決定的な敗北を避けつつ慎重に進められる。これもまた、短期決戦によって、決定的な勝利を得ようとする西洋の戦略思想と対照的である。

このような特異な性格を持つ中国のハイブリッド戦に対して、アメリカやその同盟諸国は脆弱であるとバベッジは言う。

中国共産党政権は、アメリカやその同盟諸国との闘争を自国の生存に関わ

レーニン
Vladimir Lenin（１８７０～１９２４）。ロシア及びソビエト連邦の革命家、政治家、哲学者。ロシア社会民主労働党ボリシェヴィキ派の指導者として活動し、１９１７年に十月革命を成功させ、史上初の社会主義国家であるロシア・ソビエト連邦社会主義共和国を樹立。１９２２年のソビエト連邦の成立に深く関与し、１９２４年に死去するまで同国の事実上の最高指導者だった。

るものととらえ、極めて長期にわたって継続しなければならないものと信じている。したがって、中国が行うハイブリッド戦は、軍事、準軍事、民生の資源を広範に活用し、政治戦を効果的に組み合わせて行う。

ところが、アメリカとその同盟諸国は、戦時と平時を峻別し、武力を行使して行うもののみを「戦争」とみなし、戦争というものは可能な限り短く終わらせるべきだと考えている。しかも、中国のハイブリッド戦に対抗するという明確な戦略を持ち合わせておらず、そのための手段も乏しい。それゆえ、アメリカとその同盟諸国は、彼らが「平時」とみなす状態における中国の政治戦を見逃し、戦時と平時のグレーゾーン状態においても、後手に回りがちになるのである。

アメリカとその同盟諸国の軍だけでなく、政治やジャーナリズム、あるいは一般市民もまた、中国のハイブリッド戦や政治戦に関する理解が非常に乏しい。

しかも、中国は、アメリカとその同盟諸国の経済界や、マス・メディア、あるいは政治家たちが、中国との関係を悪化させるのを恐れるように仕向けている。特に、経済界は、中国市場に対して多額の輸出や投資を行って、莫大な利益を得ているため、中国との関係を良好に保つよう、自国の政治に強く働きかけるであろう。

こうした理由により、アメリカとその同盟諸国が、中国のハイブリッド戦や政治戦に対して有効な対抗策を講じるのは、容易ではないのである。[106]

転換点を超えた「尖閣情勢」

これについては、もちろん日本も例外ではない。すでに、日本は、中国のハイブリッド戦による攻撃を、ほぼ日常的に受けている。尖閣諸島に対して中国が行使しているのが、それである。

2012年9月11日に、日本が尖閣諸島の魚釣島など三島を国有化したことを口実として、中国公船は、日常的に接続水域に入域するようになり、領海侵入も頻繁に発生している。

また、2018年7月、中国海警局が人民武装警察部隊に編入され、増強された。その結果、日本の海上保安庁の船舶の総トン数が約15万トンであるのに対し、中国海警局の総トン数は約50万トンとなった。しかもその中には、海軍艦艇と同水準の76ミリ砲を搭載する1・2万トン級の巡視船が含まれるという。

2020年7月5日には、中国公船が39時間23分の領海侵入を行ったが、東アジアの安全保障を専門とするロンドン大学の**アレッシオ・パタラーノ**によれば、これは中国の海事活動の転換点であると言う。すなわち、この行動は、もはや「侵入」ではなく、「主権海域における本格的法執行パトロール」であり、日本の統治に対する完全な挑戦だというのである。[107] さらに、2021年1月には、中国は、海警局の武器使用を認める海警法を成立させた。

中国は、海警局という、形式上は非軍隊でありながら、実態上はそれに近い組織を利用するハイブリッド戦を日本の領土である尖閣諸島に対して行使しようとしているのである。

アレッシオ・パタラーノ
Alessio Patalano　イギリスの軍事歴史家。ロンドン大学キングスカレッジ戦争学部教授。アジア安全保障戦争研究グループの副所長、ヴェネツィアのイタリア海軍戦争大学の客員講師などを歴任。現在は、中国のハイブリッド戦略、日中の海上領土紛争、日本の軍事力と国家技術との関係などに焦点を当てた研究を進めている。

中国が狙いを定める日米安保の「死角」

これに対して、日本は、日米安全保障条約が尖閣諸島に対しても適用されるという確認を、アメリカに対して再三求めてきた。

その日米安保条約は、第五条において「各締約国は、日本国の施政の下にある領域における、いずれか一方に対する武力攻撃が、自国の平和及び安全を危うくするものであることを認め、自国の憲法上の規定及び手続に従って共通の危険に対処するように行動することを宣言する。」と規定している。

しかし、ここでも、NATOの根拠法である北大西洋条約同様、条文には「武力攻撃」とあり、「武力」攻撃であるか否か曖昧なグレーゾーン状態においても、日米安保条約第五条が適用されるか定かではない。

しかも、「日本国の施政の下にある領域」とあることから、尖閣諸島が中国の急襲によって日本の施政下にあるとは言えなくなった場合にも、第五条は適用されなくなる可能性がある。

ちなみに、アメリカは、尖閣諸島が日米安保条約の適用範囲内であることは認めるが、尖閣諸島の主権については、一貫して、公式な立場を表明しないようにしている。

このため、平時と戦時を曖昧にする中国のハイブリッド戦により、日本側そしてアメリカ側の対応が遅れ、日本が尖閣諸島に対する施政権を失った場合には、日米安保条約は機能しない。それこそが、中国の狙いなのである。

「シャープ・パワー」という政治戦

安全保障の専門家たちは、戦争の様態が変化し、戦時と平時の区別が曖昧な「ハイブリッド戦」という新しい戦争が登場していることに着目してきた。この「ハイブリッド戦」の平時における作戦の側面、あるいは「政治戦」については、非軍事領域における国家の活動であるから、軍事戦略学の観点からだけではなく、政治学の観点から接近することも可能である。

全米民主主義基金（National Endowment for Democracy）の**クリストファー・ウォーカー**が提唱する「シャープ・パワー」という概念は、その一つである。[108]

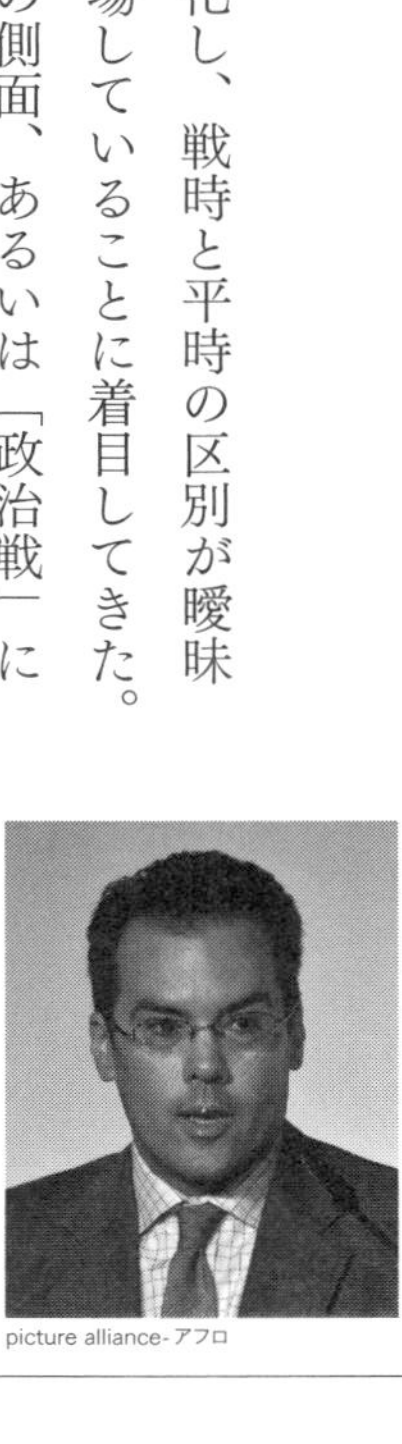
picture alliance-アフロ

クリストファー・ウォーカー
Christopher walker 民主化支援に当たる米政府系「全米民主主義基金」（NED）研究分析担当副会長。コロンビア大学の国際公共問題大学院で修士号を取得。ニューヨーク大学の非常勤講師、イーストウェスト研究所のシニア・アソシエイトなどを歴任。

かつて国際政治学者の**ジョセフ・ナイ**は、国家の文化、思想、政策などの積極的なアピールから生じる魅力を「ソフト・パワー」と呼び、国家の軍事力や経済力といった物理的強制力である「ハード・パワー」と区別した。[109]

ロシアや中国といった権威主義国家もまた、爆発的に発達したインターネットやソーシャル・メディアを活用して、他国や国際社会に対して、自国に有利な世論や感情を形成すべく、影響力を行使しようとしている。

それは、軍事的・経済的な強制力であるハード・パワーとは異なるものである。むしろ、心理や意見あるいは思想に影響を及ぼすものであるから、ソフト・パワーに属するようにも見える。しかし、ウォーカーは、それをナイの定義によるソフト・パワーとも違うものだと論じるのである。

ロシアや中国がやっていることは、他国や国際社会の世論や感情を動かして自国の優位を獲得しようとするだけにとどまらない。

両国の狙いは、情報を操作したり、偽の情報を流したりすることで、相手国の世論や感情を操作したり、混乱させたり、あるいは社会を分断することである。それは、権威主義体制が国内を統治するために行っている検閲、情

Shutterstock-アフロ

ジョセフ・ナイ
Joseph Samuel Nye Jr.（１９３７〜）。アメリカの国際政治学者。ハーバード大学で教鞭をとり、同大学ケネディスクールの学長も務めた。カーター政権では国務副次官、クリントン政権では国家情報会議議長として政策決定に携わる。『国際紛争 理論と歴史』（１９９３年）、『ソフト・パワー 21世紀国際政治を制する見えざる力』（２００４年）など著書多数。

報操作あるいは思想統制と同じ手法を、他国や国際社会に対して応用したものなのである。

こうして権威主義体制が行使したパワーは、ナイフの刃のように、他国の社会を傷つける。その意味では、ハード・パワーと同じではある。しかし、軍事や経済による強制力とは異なり、見えにくく、特定するのが困難である。つまり、ハード・パワーとソフト・パワーの双方と重なる部分もあれば、異なる部分もあり、いずれとも言い難い。

そこで、ウォーカーは、それに「シャープ・パワー」という新たな概念を与えた。「シャープ・パワー」とは、言わば「ハード・パワー」と「ソフト・パワー」のハイブリッドである。そして、中国の「三戦」の中の「心理戦」と「輿論戦」がシャープ・パワーであることは言うまでもない。

SNSを活用した「情報戦」

ロシアや中国のシャープ・パワーの行使の具体的な事例については、主にシンクタンクから多くのレポートが出されている。

その一つであるジャーマン・マーシャル基金のマット・シュローダーによる2020年のレポートは、中国について、次のような事例を挙げている。

・中国グローバルテレビジョンネットワーク、新華社、チャイナデイリー、人民日報、環球時報といった国営メデイアは、共産党が世界に声明を発出する媒体である。

・中国の国営メディアは、ワシントン・ポスト・ウォール・ストリート・ジャーナルといった主要メディアとの間で、コンテンツの交換に合意している。

・中国は、フェイスブックやツイッター等のソーシャル・メディアのプラットフォーム上で、香港問題に関するディスインフォメーションを流通させている可能性がある。台湾政府は、フェイスブックやライン上における中国共産党によるディスインフォメーションを発見している。

・中国は、海外の大学に孔子学院を設立し、中国共産党の声明を海外で発出できるようにしている。

・ファーウェイには、社内に共産党支部があり、諜報活動に協力している。

・中国は、国家主義的なインターネットユーザーを煽動している。
・中国は、海外の中国語メディアを中国共産党のシンパへと誘導している。[110]

また、スウェーデンのヨーテボリ大学が行っている民主主義度を測定する多国間研究プロジェクト（V-Dem）の年次報告は、外国によるディスインフォメーションの被害を測定し、最も大きな被害を受けているのは台湾であるとしている。

台湾の人々は、オンライン・メディアを広く活用するが、中国はソーシャル・メディアを通じてディスインフォメーションを流したり、中国寄りの報道をする報道機関に資金を提供したりして、台湾の民主主義に悪影響を与えているというのである。[111]

この中国のシャープ・パワーは、日本にも及んでいるのであろうか。

今のところ、そうした研究はわずかである。しかし、一橋大学の**市原麻衣子**は、日本も中国によるシャープ・パワーの手から逃れてはいないと警鐘を鳴らしている。

市原麻衣子
いちはら・まいこ　日本の国際政治学者。一橋大学大学院法学研究科准教授。ジョージ・ワシントン大学コロンビアン・カレッジ人文学大学院例えば、「サーチナ」というオンライン・ニュースサイトに対して数量的なテキスト分析を行った結果、中国関連のニュースと積極的な用語（「安全」「優れた」「美しい」）との間に不自然な高い相関が見出されたという。

もっと悪質なのは、「レコード・チャイナ」という東京を拠点にするオンライン・ニュースサイトである。レコード・チャイナは、中国共産党の方針に沿った情報を流すだけでなく、日中関係についてはその良好さを強調する一方で、日韓関係については対立を際立たせるような報道を行っている。言うまでもなく、アメリカの同盟国である日本と韓国の間を分断しようとしているのである。[112]

「民主主義」の弱点を突くシャープ・パワー

もっとも、調略や宣伝戦・情報戦は古くから存在する手法であるし、それを行使するのは権威主義国家に限らない。

アメリカを筆頭に、民主主義国家であっても、他国や国際社会の世論や感情を操作しようとするものである。そもそも、ウォーカーが所属する全米民

政治学科で政治学の博士号を取得。関西外国語大学外国語学部准教授を経て、2016年から現職。専門は国際政治学、民主化支援、日本外交。

主主義基金自体が、他国の民主化を支援するために、アメリカ議会の出資を受けて設立された機関にほかならない。

しかし、ロシアや中国といった現代の権威主義国家のシャープ・パワーが特異なのは、権威主義と民主主義という、政治システムの非対称性を利用しているという点である。[113]

今日のようなグローバル化した世界では、知識、情報、思想は国境を越えて世界中に伝達され、共有されると考えられている。しかし、実際には、ロシアや中国などの権威主義国家は、自国内の思想や情報を厳格に管理しており、対外的には開かれてはいない。他方で、民主主義国家は対外的に開放されている。

権威主義国家は、その民主主義国家の開放性を利用して国内に入り込み、民主主義国の世論や感情を操作できる。それを防ごうとしたら、民主主義国家はその開放性を制約し、情報や言論を管理しなければならなくなるが、それをやってしまったら、民主主義の自己否定となってしまうだろう。

このように、シャープ・パワーは、グローバル化した世界における民主主義体制の弱点を巧みに突いているのである。言い換えれば、権威主義国によるシャープ・パワーに対して民主主義国を脆弱にしたのは、グローバル化だったということだ。

「楽観」がもたらした「危機」

ところが、冷戦終結の後から20年もの間、アメリカとその同盟諸国は、権威主義国家によるシャープ・パワーについて無警戒であった。

というのも、前章でも論じたように、冷戦終結後、リベラリズムというイデオロギーが支配的になり、世界中に民主主義のような価値観や制度が広まり、リベラルな国際秩序が実現するものと信じられてきたからである。

特にアメリカのエリートたちは、ロシアや中国のような権威主義国家であっても、グローバル化し、リベラルな国際秩序の中に組み入れれば、いずれ民主化するものと想定していた。民主主義こそが、普遍的で最も優れた政治体制であると信じていたからである。それに、彼らは、冷戦終結後、圧倒的な覇権国家となったアメリカの民主主義を、権威主義国家が脅かすようになるなどとは、夢にも思っていなかった。

ジョセフ・ナイは、リベラリズムを代表する国際政治学者であるが、彼が「ソフト・パワー」の概念を提唱したのも、覇権国家アメリカのリベラルな制度や価値観が魅力となって他国の国民を惹きつけるという想定があったからであろう。

グローバル化や情報革命によって、ロシアや中国の国民がアメリカの民主主義社会を知り、それに憧れるようになれば、いずれロシアや中国も民主化していくであろう。そのような楽観が、アメリカのエリートたちに共有されていたのである。

しかし、世界は、文化的に多様・多元的であり、民主主義によって秩序が維持できるとは限らない国々も数多くある。そもそも、政治体制というものは、その国の歴史や文化を色濃く反映するものである。民主主義こそが普遍的な価値であり、どの国も受け入れるようになるなどというのは、傲慢な思い込みに過ぎない。

リベラリズムの「誤算」

それ以外にも、アメリカのリベラリズムの想定には、いくつもの誤算があった。

第一に、グローバル化が進められて国境の壁が低くなり、かつインターネットやソーシャル・メディアが発達したことにより、権威主義国家は、民主主義国家の国内にシャープ・パワーを差し込むことが非常に容易になった。しかし、グローバル化もIT革命も、元はと言えば、アメリカが先導したものである。

第二に、中国という権威主義国家が経済大国になったことである。権威主義国家が経済力でアメリカを脅かすということは、これまで、ほとんどなかった。しかし、中国は、権威主義体制であるにもかかわらず、強大な経済力をもつようになった。

そして、東ヨーロッパや南アメリカ、さらにはアフリカなどの権威主義国家を経済的に支援した。中国は、これまで、権威主義体制であることを理由に、アメリカなど先進国から経済支援を受けられなかった国々を取り込み、国際社会における影響力を拡大していったのである。[114]

何より、中国は、権威主義体制であっても経済発展が可能であるというモデルを示し、他の権威主義国家の模範となった。言わば、中国は、権威主義型発展モデルというソフト・パワーを発揮したのだと言える。

これに対して、国際通貨基金や世界銀行などの国際機関は、開発途上国に対する援助の条件として、財政健全化、貿易や資本移動の自由化、国有企業の民営化など、その国固有の文化的・歴史的背景を無視した新自由主義的な構造改革を画一的に要求し、多くの開発途上国を混乱に陥れてきた。

さらに、2008年の世界金融危機は、新自由主義的な経済運営の矛盾を白日の下にさらすこととなった。こうして、欧米の自由主義的な経済モデルは、新自由主義の失敗によって、そのソフト・パワーを著しく後退させたのである。今では、新自由主義の権威は、アメリカ国内においてすら、失墜している。

第三に、グローバル化は、アメリカ国内の格差を拡大させ、アメリカ社会を分断した。

とりわけ、2017年に大統領に就任したドナルド・トランプは、国内社会の分裂をさらに拡大させ、アメリカの民主主義は危機に陥った。また、アメリカは、2020年に拡大した新型コロナウイルスのパンデミックに適切に対処することに失敗し、世界で最も多くの新型コロナウイルスによる死者を出した。

こうしたアメリカ自身の内政の失敗は、民主主義の制度やリベラルな価値観に対する信頼や魅力を失墜させ、アメリカのソフト・パワーをさらに後退させることとなったのである。

冷戦終結後のアメリカは、逆説的なことに、そのリベラリズムによって、自国のソフト・パワーを低下させることとなった。そして、その分だけ、ロシアや中国のシャープ・パワーは威力を増したのである。

エコノミック・ステイトクラフト

ハイブリッド戦は、非軍事の経済的な手段も多用するものである。喬良と王湘穂も「超限戦」の非軍事の手段として、金融戦、貿易戦、資源戦、経済援助戦そして制裁戦を挙げていた。

このハイブリッド戦の経済的な側面は、国際政治経済学の分野における「エコノミック・ステイトクラフト」という概念と同じものであるように思われる。[115]

そもそも「ステイトクラフト」とは、国家が外交政策の目的のために政策手段を活用することであり、その政策手段には、一般的には、外交、軍事そして経済が含まれるとされる。したがって、「エコノミック・ステイトクラフト」とは、外交政策の目的を達成するために、経済的な手段や経済的な関係を利用することを意味する。

その手段の典型例は、禁輸や資産凍結などの経済制裁である。しかし、相手国に対して、自国の市場を開放したり、投資を行ったり、あるいは経済援助を行ったりして恩恵を与え、自国の側に取り込むこともまた、エコノミック・ステイトクラフトの手法に数えられる。[116]

「分断された国家」は脆弱である

ハイブリッド戦やシャープ・パワー同様、エコノミック・ステイトクラフトもまた、最近の事象ではなく、長い歴史をもつ。
古代ギリシアのペロポネソス戦争には、すでにエコノミック・ステイトクラフトが確認できるという。また、20世紀になり、国際的な経済的相互依存関係が深まると、エコノミック・ステイトクラフトの手法は、頻繁に利用されるようになった。[117]

しかし、アメリカの国際政治経済学における二大潮流の一つであるリベラリズムは、エコノミック・ステイトクラフトに対して、ほとんど意義を見出してはこなかった。

というのも、リベラリズムの理論によれば、国家間の経済的な相互依存関係が深化した世界では、禁輸などの経済制裁は、相手国のみならず、自国にも悪影響を及ぼす可能性があるため、経済制裁を発動するインセンティブが大きく削がれるはずだからである。

要するに、世界のグローバル化が進み、経済的な相互依存関係が深まっていけば、エコノミック・ステイトクラフトは、いずれ過去のものになるだろうというわけだ。

これに対して、リアリズムは、国家は自国の安全保障を追求して行動するものと想定する。

したがって、安全保障という目的のために経済的な手段を行使するエコノミック・ステイトクラフトという考え方は、一見すると、リアリズムにより馴染むようにも思われる。

ただし、リアリズムの理論家である**ロバート・ペイプ**は、経済制裁の効果は、考えられているよりも高くはないとしている。ペイプは、１９１４年から１９９０年の間に行われた１１５の経済制裁の効果を検証した。その結果、相手国政府の行動を変化させるという目的を達成し得たのは５％に満たなかったというのである。[118]

もっとも、ペイプの研究は１９９０年までの事例についてである。経済制裁の効果の有効性については、更なる検証が必要であろう。

例えば、エコノミック・ステイトクラフトの有効性は、対象となった国の政治体制や社会の状態に依存するという研究がある。国内の政治体制の自律

ロバート・ペイプ
Robert Anthony Pape, Jr.（１９６０〜）。アメリカの政治学者。ピッツバーグ大学卒業後、シカゴ大学で博士号取得。ダートマス大学で国際関係を、アメリカ空軍の高度航空宇宙研究所（ＳＡＡＳＳ）で空軍戦略を教えた。現在、シカゴ大学政治学部教授。専門は、安全保障論、テロリズム研究。

性が高く、能力もあり、かつ正統性を保持しているならば、経済制裁に耐えることができる。そうでない国に対しては、エコノミック・ステイトクラフトは功を奏するというのである。[119]

だとすると、エコノミック・ステイトクラフトは、シャープ・パワーを併用して、相手国の国内社会を分断し、その政治体制の正統性を動揺させることで、その効果を発揮するということになろう。

だが、冷戦終結後のアメリカの戦略は、リベラリズムを基礎としたものであったから、グローバリゼーションの時代の中で、エコノミック・ステイトクラフトは忘れられた概念となっていた。

他の手段による「戦争」

ところが、2010年代以降、エコノミック・ステイトクラフトに対する関心が、急激に高まっていったのである。

特に、**ロバート・ブラックウィル**とジェニファー・ハリスが2016年に著した『他の手段による戦争：地経学とステイトクラフト』は、大きな話題

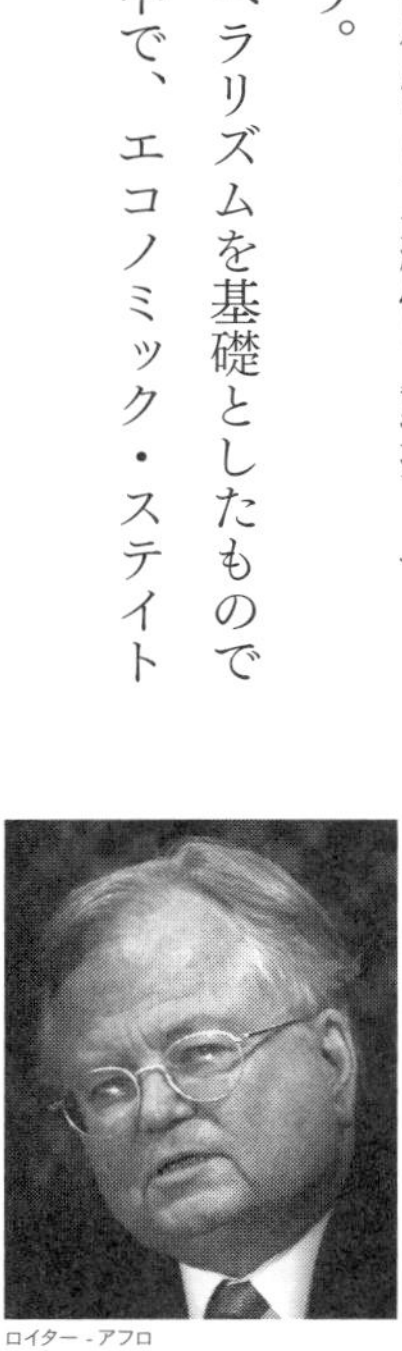
ロイター - アフロ

ロバート・ブラックウィル
Robert Blackwill（1939～）。アメリカの外交官。ジョージ・W・ブッシュ大統領のもとでインドの米国大使（2001～2003）を務めたほか、イラクの米国国家安全保障会議の副官（2003～2004）を務めた。2016年に発表した『他の手段による戦争：地経学とステイトクラフト』（ジェニファー・ハリスとの共著）は大きな話題となった。

となった。なお、彼らが言う「地経学（geoeconomics）」というのは、地政学的な目的を達成するために経済的な手段を利用することであり、「エコノミック・ステイトクラフト」とほぼ同義と考えてよい。

本書の中でブラックウィルとハリスは、地経学（＝エコノミック・ステイトクラフト）への関心が高まった背景として、次の二つを挙げている。

第一に、２００８年の世界金融危機や、その後のユーロ危機により、この巨大な経済危機が地政学的な情勢に対してもつ意味について、議論が行われるようになったことである。

そして第二に、中国の台頭が、第二次世界大戦後にアメリカが覇権国家になって以来の、最大の地政学的変化を引き起こすのではないかと考えられるようになったことである。[120]

この二つは、もちろん関係している。世界金融危機によって、アメリカが掲げてきた新自由主義的な「ワシントン・コンセンサス」がその正統性を失う一方、中国は景気回復を先行させ、自国の政治経済システムに自信を深めた。そして、経済的な自信は、政治的・軍事的な野心をも強化したのである。

第四章でも強調したように、アメリカにとって中国は、今や経済と安全保障の両方において脅威となっている。第二次世界大戦後のアメリカは、これまで、そのような脅威に曝されたことはなかったのである。

そして、アメリカの新自由主義的な経済モデルが失敗し、他方で、エコノミック・ステイトクラフトを実践してきた中国が台頭し、脅威となった。そうであるならば、アメリカにおいてエコノミック・ステイトクラフトへの関心が高まるのも当然であったと言えるだろう。

中国の三つの「戦略目標」

では、中国のエコノミック・ステイトクラフトとは、どのようなものなのだろうか。**ウィリアム・ノリス**によれば、中国は、三つの戦略目標をもち、その戦略目標を達成するために、エコノミック・ステイトクラフトを活用している。

第一の、そして最大の目標は、中国共産党支配体制の維持である。

ウィリアム・ノリス
William J. Norris　アメリカの政治学者。テキサスA&M大学ブッシュ行政・公共政策大学院准教授として、中国の国内政治、東アジアの安全保障、中国の外交政策に関する講義を行っている。マサチューセッツ工科大学（MIT）政治学部で安全保障の博士号を取得。中国のエコノミック・ステイトクラフトについて専門的に研究している。

中華人民共和国は、建国以降、マオイズム（毛沢東の思想）を共産党支配の正統性としてきた。しかし、鄧小平の「改革開放」以降、共産党支配の正統性は、マオイズムから経済成長となった。しかし、近年、経済成長が鈍化した結果、共産党は、その正統性の根拠をナショナリズムへと移しつつある。

第二の戦略目標は、国益を最大化する国際環境の形成を追求することである。中国は、孤立主義をとらず、むしろ多国間あるいは地域内における国際秩序の形成に積極的に関与してきた。それは、自国の影響力を拡大するためである。また、経済発展に伴い、資源エネルギーの海外依存度が高まったことから、資源エネルギーの供給源を多様化すべく、資源国との関係を強化している。

第三の戦略目標は、台湾併合その他の領土の確保である。中国人は伝統的に、国境付近の領土を失うことは王朝の衰退の予兆であるという強迫的な歴史観を抱いてきた。それゆえ、辺境地帯の領土、とりわけ台湾には執着するのである。

中国は、建国以来、この三つの戦略目標を追求してきたのだが、経済大国となったことで、経済は、これらの戦略目標を達成する有力な手段となった。

要するに、中国は、経済成長したことによって、エコノミック・ステイトクラフトが可能になったということである。

偽装された「政治経済システム」

中国にとって、エコノミック・ステイトクラフトは、実に好都合な戦略手段であった。

まず、経済は、軍事力のようにあからさまで破壊的ではない形で、国力を増大する手段となる。経済であれば、他国を経済的に惹きつけ、パートナーにすることで、中国の台頭に対する警戒心を緩和することもできる。

国内に目を転じれば、経済は、軍事的な手段と異なり、強化しても、人民解放軍の影響力を増大させる危険性がないだけでなく、軍に対する対抗勢力となる経済関係の利益集団を強化することができる。

また、エコノミック・ステイトクラフトであれば、旧ソ連が軍事力の強化によって失敗したように、戦略目標を達成するために経済を犠牲にすることはなく、むしろ戦略目標と経済成長を同時に達成できる。しかも、経済力の増大は、軍事力の強化にも寄与する。

とりわけ、中国の場合、他国よりも巧妙に、経済を戦略的に活用できるような特異な政治経済システムをもっていた[121]。

例えば、**カーティス・ミルハウプト**と**ウェントン・チェン**は、２０１５年の論文「所有を超えて：国家資本主義と中国の企業」において、中国の企業について、国営か民営かという企業の所有権によって判断すると、その特異な性質を見誤ると論じた。

西洋社会では、国家は、国家が所有する国営企業についてはコントロールできるが、民間が所有する私企業については、意のままにコントロールする権限を持たない。このため、民間企業は、政治の恣意的な支配から逃れているとみなしがちである。

ところが、中国においては、私企業についても、中国共産党政権の支配が及んでいるというのである。

例えば、２０１３〜14年時点において、中国の民間企業トップ１００社の

カーティス・ミルハウプト
Curtis J. Milhaupt（1962〜）。スタンフォード大学ロースクール教授。コロンビア大学ロースクール卒業後、国際的総合法律事務所「シャーマン・アンド・スターリング」で勤務。コロンビア大学ロースクール教授、同大学日本法研究センター長などを歴任。専門は、比較コーポレートガバナンス、東アジア（特に日本）の法制度、国家資本主義。

ウェントン・チェン
Wentong Zheng　フロリダ大学レビン・ロースクール法学教授。スタンフォード大学ロースクールで博士号取得。ニューヨーク州立大学バッファロー・ロースクール准教授などを経て現職。グローバル化した世界で企業や規制当局が直面している法

うち95社、ネット関連企業トップ10社のうち8社の創業者や事実上の支配者は、中央または地方の党・国家組織の元あるいは現メンバーであった。

また、中国企業は、商工会議所等、様々な業界団体に所属しているが、これらの業界団体は、実は、廃止された行政部局であり、職員は元行政官である場合が多い。

こうした偽装された行政機関である業界団体は、党・国家の意向を受けて、民間企業を指導するのである。そして、国家発展改革委員会は、民間企業に定期的にインタビューを行っているが、これは、民間企業に対する実質的な指導として機能しているという。[122]

WTOが中国経済を規律できない理由

マーク・ウーもまた、2016年の論文「中国株式会社：グローバルな貿易統治に対する挑戦」の中で、中国の経済システムは、単なる国家資本主義ではなく、他に類を見ない特異な構造であることに注意を促している。

そして、WTOのルールは、この中国の特異性を考慮していないものであ

的および経済的問題を専門に研究している。

マーク・ウー
Mark Wu　ハーバード大学ロースクールの法学教授。専門は、国際貿易と国際経済法。イェール大学ロースクールで法学博士号を取得後、オックスフォード大学で開発経済学を専攻。バイデン政権によって、米国通商代表部（USTR）の上級顧問に迎えられたが、2021年7月に家庭の事情により退任した。

るため、中国経済を規律することができていないとウーは主張したのである。[123]

ウーによると、中国共産党政権は、民間企業に指示を与え、動員するための様々な機関や仕組みをもっている。

例えば、2003年に設立された国務院国有資産監督管理委員会（SASAC）は、97社（2017年時点）の国営企業を監督しており、各地方政府にもSASACが存在する。

ちなみに、世界中の企業の総利益のランキングであるフォーチュン・グローバル500の2020年版には、124社の中国企業が入っているが、そのうち91社が国営企業である。

同じく2003年に設立された中央匯《かい》金投資有限責任公司は、中国の四大銀行（中国銀行、中国工商銀行、中国建設銀行、中国農業銀行）をはじめとする商業銀行を一元的に監督する機関である。政府は、この中央匯金を通じて銀行に指示して資金を動員し、政策を実現することができるのである。

また、国家発展改革委員会は、2003年に国家計画委員会を改組してできたものであり、地方政府にも存在する。国家発展改革委員会は、単に五か年計画を立案するのみならず、広範囲の権限を有し、政策を実行する機関である。

もちろん、他の国々においても、民間企業に指示を与える政府機関は存在する。しかし、その権限の広さと一元的な集中において、中国は特異なのである。

中国固有の特異な「思考様式」

さらに、中国共産党政権は、このようなフォーマルな機関によって、経済を支配するだけではない。中国経済には、政府や党によるインフォーマルなネットワークが張り巡らされている。例えば、中国の企業集団は垂直統合的にSASACとつながると同時に、各企業集団が相互に、あるいは大学や各種政府機関とも水平連携している。

とりわけ、政府ではなく政党が、ビジネスに深く入り込んで広範な支配を及ぼす点は、中国に特異な特徴である。例えば、共産党は、SASAC、中央匯金、国家発展改革委員会その他の経済官庁や国営企業のトップを決定している。

また、共産党員は、様々な業界や地域において、行政と民間の仕事を転々とするのである。さらに、三人以上の党員がいる組織は、国営、民間、外資を問わず、組織内に党の委員会の設置が義務付けられている。

このウーが「中国株式会社」と呼んだ中国の政治経済システムには、毛沢東の戦略思想や「超限戦」の理論にも根付いている中国固有の思考様式が反映されているように思われる。それは、領域の境界を曖昧にするというハイブリッド性である。

例えば、官と民の境界が曖昧である。それは、国営企業のみならず、私企業においてすらそうである。また、フォーマルとインフォーマルの区分もはっきりしておらず、政府や共産党は、外からは見えにくい形で、民間企業に指示を与えることができる。さらに際立った特徴は、中国の政治体制が、「党・国家(party-state)」、すなわち政党と政府のハイブリッドだということである。

２０００年代初頭、アメリカやその同盟諸国は、中国を、ＷＴＯをはじめとするリベラルな国際秩序の中に組み入れ、リベラルな国際ルールによって律しようとした。

しかし、そのリベラルな国際秩序のルールは、この中国の特異な政治経済構造を想定していなかったから、中国を十分に規律することができなかった。中国は、このルール上の盲点を突いて、リベラルな国際秩序の恩恵を享受し、急激な経済成長を実現した。

さらに、こうして獲得した強大な経済力によって、中国は、強力なエコノミック・ステイトクラフトを発動しうる大国となったのである。ちなみに、表2は、過去10年間における中国による主な経済制裁の例である。

「ハイブリッド軍国主義」の脅威

中国のハイブリッド戦＝超限戦は、様々な領域の境界を曖昧にする戦略であるが、今日の中国は、「軍事」と「経済」の境界をも曖昧にしている。

10	2020～	豪州	新型コロナ発生起源調査要求、華為の5Gインフラ排除／治安上の理由で豪州への留学・渡航自粛呼びかけ、豪州産大麦・ワインに対するアンチダンピング関税・補助金相殺関税賦課、豪州産綿利用自粛要請、牛肉検疫措置、石炭の通関遅延	継続中
11	2020	チェコ	チェコ上院議長訪台／チェコへの渡航自粛呼びかけ、チェコ製ピアノ（ペトロフ社）事実上禁輸	継続中
12	2020	米国	米国が中国の複数メディアを共産党宣伝機関認定、国務省への各種情報報告義務／米メディア6社に対して人員・財務・不動産など報告義務	
13	2020	米国	米国が台湾に武器売却／ロッキード、ボーイングなど武器関連企業への制裁予告	
14	2020	英国	華為の5Gインフラ排除／中国企業の英国インフラプロジェクトからの撤退示唆？	
15	2020	米国 Tripadvisor	米国が中国の動画共有アプリTikTokに対して利用禁止措置を発表／中国における米国Tripadvisorなどアプリの排除	米国内でTikTok利用禁止に対する差止請求が認められ、政権交代により現在は審理も一時停止中
16	2021	米国	共産党幹部・香港当局者に対する米国の資産凍結／ポンペオ氏を含む28名とその家族の入国禁止・中国での経済活動制限	継続中
17	2021	台湾	蔡英文政権へのゆさぶり／検疫上の理由によるパイナップル輸入制限	継続中

出典：久野新「中国の経済制裁：その特徴と有効性」、日本国際フォーラム「米中覇権競争とインド太平洋地経学」研究会、2021年4月20日、11-12、表3

表2　中国による経済制裁

ID	年	標的国	原因／手段	結果
1	2010 ～2014	日本	尖閣諸島問題／レアアース輸出規制＆日本製品不買運動の扇動・黙認	日本などがWTOで勝訴
2	2010 ～2016	ノルウェー	中国人人権活動家のノーベル平和賞受賞／検疫上の理由によるノルウェー産サケの輸入規制	ノルウェー側が中国の核となる議題を今後批判しないと約束、相互信頼毀損を認める
3	2012 ～2016	フィリピン	南シナ海スカボロー礁事件／フィリピン観光制限＆検疫上の理由によるフィリピン産バナナ輸入制限	ドゥテルテ大統領側が中国に歩み寄り、関係修復
4	2016	台湾	蔡英文総統及び民進党の勝利／団体旅行客の台湾観光制限	東南アジアからの観光客誘致で一部相殺
5	2016	モンゴル	ダライ・ラマ訪蒙／モンゴル産鉱物輸入手数料引き上げ、政府間交流・大口融資含む二国間協議の停止	モンゴル側が将来ダライ・ラマを招聘しないとの約束含め公開謝罪
6	2017	韓国	米国のTHAAD配備／中国人の韓国観光制限、韓国製品不買運動、K-pop公演中止、中国国内ロッテ・マートの営業停止命令など	韓国側がTHAAD追加配備しない・日米韓同盟を軍事同盟化しないなど「3つのノー」を提示
7	2018～	米国	通商法301条・232条に基づくトランプの対中関税措置／報復措置としての対米関税	両国関税が残存中
8	2019 ～2020	米国NBA	NBAのGMがSNSで香港デモの支持表明／中国企業のNBAスポンサー撤退、NBAの一部試合の中国国内放送停止	中国におけるNBAの放送再開、直後にGM辞任
9	2018～	カナダ	華為副会長拘束／治安上の理由でカナダ渡航自粛呼びかけ、検疫上の理由による菜種輸出許可取消	継続中

アメリカの国防総省は、2020年の年次報告の中で、中国が「軍民融合(Military-Civil Fusion) 発展戦略」を推進していることを強調している。「軍民融合発展戦略」とは、経済社会の発展戦略と安全保障戦略を融合し、統合された国家システムと国家能力を構築しようというものである。

ただし、それは、単に軍民両用 (dual-use) の技術の開発や、軍事関連の科学技術や産業の発展にとどまるものではない。中国は、経済、軍事、社会のあらゆる側面を融合して、国力を増大させようとしているのである。

この年次報告は、中国の軍民融合発展戦略には、六つの要素が含まれるとしている。

第一に、軍需産業の基盤と民生の技術・産業基盤を融合する。

第二に、軍民横断的に、科学技術のイノベーションを統合し、推進する。

第三に、軍民の人材の能力や知識を育成し、融合する。

第四に、民生のインフラが軍事的な要求を満たすようにし、民生の建造物を軍事目的に転用する。

第五に、民生のサービスや物流の能力を軍事目的に転用する。

第六に、軍事動員システムを拡張・深化させ、社会経済の関連する側面すべてを戦争のために動員する。[124]

この中国の軍民融合発展戦略に対する危機感を背景に、トランプ政権は、2018年8月、輸出管理改革法（ECRA）を成立させ、既存の輸出規制では及ばなかった「新興・基盤技術（emerging and foundational technologies）」のうち、アメリカの安全保障にとって必要な技術を輸出規制対象とすることとした。

しかし、この中国の軍民融合発展戦略の問題の一つは、軍民融合の範囲が極めて広く、かつ曖昧であるため、軍用と無縁な民生の領域を明確にすることができないという点にある。

中国の軍民融合発展戦略を封じるためには、輸出管理改革法の輸出規制の対象を大きく拡大しなければならない。しかし、それは、アメリカ経済の強みである経済活動の自由を阻害することになり、経済成長や技術進歩を妨げる恐れがある。逆に、輸出規制の対象が不十分であれば、中国の戦略には対抗できない。アメリカは、ディレンマに陥っているのだ。

しかも、国防総省の年次報告は、中国の軍民融合の範囲は、社会経済の関連する側面すべてに及ぶものであるとしている。

中国の軍民融合とは、単なる民生技術の軍事転用ではない。戦時統制経済と平時の経済体制の融合である。それは、言うならば、「ハイブリッド軍国主義」なのである。

中国は、マーク・ウーが「中国株式会社」と呼んだ特異な政治経済システムによって、ハイブリッド軍国主義を遂行することが可能である。

これに対して、中国以外の国、特に民主主義国においては、平時からハイブリッド軍国主義を構築し、維持するのは困難であろう。なぜなら、平時においては、民間の経済活動の自由が保障されており、政府は、民生の経済活動を広範に動員する正当な手段をほとんどもっていないからだ。

中国はハイブリッド軍国主義を実現できるのに対して、アメリカとその同盟諸国には、それができない。この「非対称性」こそが、問題の本質なのである。

「非対称性」を巧みに利用する中国

喬良と王湘穂は『超限戦』の中で、勝利の法則を見出したと述べている。それを彼らは「偏をもって正を修正する」という法則、「偏正の法則」と呼んでいる。簡単に言えば、敵に対して、正面から力をもって対抗するのではなく、側面から攻撃するということである。喬と王は、この「偏正の法則」にのっとり、超限戦の理論の主要な原則の一つとして「非均衡」を挙げている。

「非均衡の原則」とは、戦力の配分と使用、主戦方向や打撃の重心の選択から兵器の配置に至るまで、常に、均衡や対称とは逆の思考方向に沿って、作戦の行動を展開すべしという原則である。

例えば、非国家主体や小国が大国を攻撃する際には、まず間違いなく、大国の強力な正規軍との正面対決を避け、ゲリラ戦やテロ戦など、非軍事的な組織や手段を多用したハイブリッド戦を展開するであろう。そして、相手が予測できない領域を選び、攻撃する。ここには、「非均衡の原則」が典型的に表れている。

この「非均衡の原則」は、狭義の軍事作戦にとどまらず、政治や経済のあらゆる領域にも広がっていることが、これまでの議論によって浮き彫りになるであろう。

まず、グローバル化によって、中国は、アメリカが主導するリベラルな国際秩序の中に組み込まれたが、中国の権威主義体制は維持された。その結果、世界は、アメリカとその同盟諸国の民主主義体制と、中国などの権威主義体制という非対称の政治経済構造となった。

言い換えれば、冷戦終結後のアメリカは、グローバル化を推進することによって、自由主義や民主主義のルールに基礎づけられたリベラルな国際秩序を構築しようとしたのであるが、そのリベラルな国際秩序とは、均質的で、非均衡や非対称のない構造である。

これに対して、中国は、自由民主主義化を拒否し、権威主義体制を維持したが、それは、世界の政治経済構造に非均衡あるいは非対称をもたらすものであった。そして、現在、中国は、その世界の政治経済構造の非対称性を巧みに利用しているというわけである。

例えば、中国の権威主義体制は開かれていないが、アメリカとその同盟諸国の民主主義体制は開かれている。中国は、この非対称性を利用して、民主主義諸国に対してシャープ・パワーを行使している。

あるいは、アメリカとその同盟諸国では、戦時と平時、軍と民、官と民、政府と政党などの区分が明確であるが、中国ではいずれも不明確である。中国は、この非対称性を利用して、ハイブリッド戦や政治戦を仕掛けているが、これにアメリカとその同盟諸国は有効な対抗措置を講ずることができていない。

経済の領域においても、アメリカとその同盟諸国は、WTOその他の国際経済秩序のルールに規律されているが、特異な政治経済構造をもつ中国は、その規律を逃れている。このリベラルな国際経済秩序の非対称性を巧みに利用して、中国は、経済大国となりおおせたのだ。

すでに始まっている「覇権戦争」

中国のエコノミック・ステイトクラフトの手法にも、「非均衡の原則」が確認できる。亜細亜大学の**久野新**は、中国と各国との間には、大きな「輸出依存度に関する非対称性」が存在することに注意を促している。

1990年代以降、各国の対中輸出依存度が例外なく上昇し、特にオーストラリア、台湾、韓国では25％以上、モンゴルでは85％以上になっているのに対し、中国の各国への輸出依存度はアメリカを除き、5％以下の低い水準にとどまっている。

この「輸出依存度に関する非対称性」とは、「経済制裁の有効性に関する非対称性」でもある。[125] 例えば、中国が、オーストラリア、台湾、韓国に対して経済制裁を発動し、これらの国々が報復措置として中国に経済制裁を加えた場合、より打撃が大きく、先に屈しやすいのは、当然、オーストラリア、台湾、韓国の方なのである。

久野新
くの・あらた　亜細亜大学国際関係学部教授。専門は、国際貿易論、通商政策、アジア太平洋地域の経済統合、経済安全保障。慶應義塾大学で経済学の博士号を取得。杏林大学総合政策学部准教授、国際貿易投資研究所客員研究員などを歴任。

リベラリズムの貿易理論によれば、自由貿易は互恵的であるとされ、望ましいものとされている。自由貿易の理論は、均衡・対称の思考様式の上に成り立っていると言ってよい。

しかし、仮に自由貿易が互恵的であったとしても、相手国に対する自国の輸出依存度の方が、相手国の自国に対する輸出依存度よりも高ければ、経済制裁の効果は、自国に不利なものとなる。経済制裁、より広く「エコノミック・ステイトクラフト」は、『超限戦』の「非均衡の原則」に基づいているのだ。

しかし、最も危険な非対称性は、現下の世界情勢に対する認識にある。

前章において議論したように、アメリカや台湾あるいは日本は、確かに、中国との戦争のリスクを警戒している。しかし、「戦争のリスクを警戒している」ということは、裏を返せば、現状は未だ戦時ではないとみなしているということだ。

一方、中国は、アメリカやその同盟諸国に対して、すでに覇権戦争を開始していたのである。そうは見えないのは、その覇権戦争が、正規軍による武力衝突ではなく、戦時と平時の境界を曖昧にし、非軍事的手段を総動員したハイブリッド戦だからである。

すでに戦争を開始している中国と、未だ平時にあると思い込んでいるアメリカと日本。

この状況認識に関する非対称性を利用して、中国は東アジアにおける覇権戦争に勝利しようとしている。

最終章

来るべき世界

アメリカの「錯覚」、中国の「戦略」

本書は、アメリカのバイデン政権による財政政策や長期停滞といった経済学的な議論から始まって、中国のハイブリッド戦という軍事的な議論へと行き着いた。

読者は、話があちこちに飛躍したという印象を抱いたかもしれない。しかし、試みに、これまでの議論を逆から辿ってみるとよい。そうすれば、本書の議論の一貫性が見えて来るだろう。

21世紀における戦争の形態は、「ハイブリッド戦」である。

ハイブリッド戦とは、誰が戦うかや、どんな技術を用いるかといった形態の境界をなくし、正規軍のみならず、非正規軍、無差別テロ、犯罪など、多様な手法を複合的に用いる戦争の形態である。

そのハイブリッド戦の戦術の中には、ソーシャル・メディアを通じたディスインフォメーションなどによって、相手国の政治社会を分断するシャープ・パワー、経済制裁や禁輸、あるいは、対外投資や援助などの経済的な手段によって戦略的目標を達成するエコノミック・ステイトクラフトも含まれる。

中国は、早い段階からハイブリッド戦やエコノミック・ステイトクラフトの意義を理解し、それらを遂行しようとしてきた。

これに対して、アメリカは、冷戦終結後に、唯一の覇権国家になったと信じ、その一極主義的なパワーを使って、リベラルな国際秩序を建設するという戦略を追求してきた。

その一環として、アメリカは、中国のＷＴＯの加盟を支援するなど、中国をリベラルな国際秩序に組み入れてきた。中国がリベラルな国際秩序の中でその恩恵を享受すれば、中国はリベラリズムの価値観を尊重するようになり、平和的に台頭し、さらには国内体制の民主化へと進むであろう。アメリカは、そのように錯覚していた。

しかし、リベラルな国際秩序の経済的な恩恵を享受して経済大国となった中国は、リベラル派の期待に反して、権威主義体制を維持しただけではなく、その強大化した経済力を使って、エコノミック・ステイトクラフトを実践し、シャープ・パワーを行使して、アメリカやその同盟諸国を脅かす存在となった。中国の政治経済体制は、「ハイブリッド軍国主義」と呼ぶべきものと化しているのである。

「階級」と「戦争」

対照的にアメリカは、その新自由主義的な経済政策によって、金融危機、格差の拡大や長期停滞を引き起こし、自国の経済力を相対的に弱体化させた。それは、国内社会の分断や政治の混乱をも招き、アメリカの国力は衰退した。その新自由主義的な政策の誤りについては、特に2008年の世界金融危機以降は、主流派経済学者の間でも認識されるようになり、イエレンやサマーズなど、著名な主流派経済学者が、財政政策を重視する議論を展開するようになった。

しかし、かつてカレツキが指摘したように、財政政策による完全雇用は、労働者階級の社会的なパワーを強めることから、資本家階級によって忌避される。

それゆえ、資本家階級は、政治的なパワーを行使して、政府が積極的な財政政策を行うことを阻止しようとするであろう。金融市場の規制や格差是正といった政策も、同様である。したがって、資本家階級の政治的なパワーを抑止しなければ、積極的な財政政策や社会政策を行うことは困難である。

過去に、資本家階級の政治的なパワーを封じ込めたのは、二つの世界大戦であった。

国家は、総力戦を遂行するために、その国家能力を著しく増幅させ、階級の壁を越えて国民を団結させ、動員しようとする。その過程で、労働者階級の地位は高まり、資本家階級の社会的なパワーは抑制される。

この世界大戦中の国家能力の強化と労働者階級の社会的パワーの増大が引き継がれ、戦後、ケインズ主義的な財政政策や福祉国家が実現し、高い経済成長と平等な社会をもたらした。

しかし、総力戦の可能性が低下し、かつ東西冷戦の緊張が緩和した1980年代以降、労働者階級は次第に社会的パワーを失い、金融階級がその政治的支配力を獲得すると、積極財政や社会政策は忌避され、新自由主義的な政策が主流となった。

世界の「残酷な現実」

この新自由主義的な路線を是正するには、かつての世界大戦のような、地政学的な外的圧力が必要になる。それが、中国の台頭であった。

アメリカにとって、中国は、軍事的な脅威であると同時に、経済的な脅威でもあった。しかも、ハイブリッド戦に長けた中国は、その軍事的な戦略目標を達成するために、エコノミック・ステイトクラフトの手法を多用した。

この中国という、経済と安全保障のハイブリッドの脅威に対抗するためには、自国の軍事力と同時に経済力をも強化しなければならない。アメリカの安全保障コミュニティのエリートたちは、そう痛感した。

そして、自国の経済力を強化するためには、これまでの新自由主義的な路線を転換し、積極的な財政政策と産業政策を強力に遂行する必要性を認識した。また、グローバル化は、アメリカの経済力を弱体化させる一方で、中国の経済力を強化するという非対称的な結果をもたらしたのであるから、グローバル化も是正しなければならないという結論にも至った。

そもそも、積極財政や産業政策、あるいはグローバル化の是正は、長期停滞や格差の拡大といった、長年の経済的・社会的な課題を克服する上で、必要だとされてきた政策である。

だが、アメリカは、2008年の世界金融危機のような巨大な経済危機を経験してさえも、なお新自由主義の呪縛から逃れられず、これらの政策を実現することができなかった。

バイデン政権は、遂に、その大きな変革へと一歩を踏み出したかに見える。この点に関して注目すべきは、バイデン政権の閣僚や政権スタッフ、あるいは議会の要職の顔ぶれである。

過去30年間、アメリカの各政権は、財務長官をウォール街から選んできた。

クリントン政権はゴールドマン・サックスの**ロバート・ルービン**、G・W・ブッシュ政権は同じくゴールドマン・サックスの**ヘンリー・ポールソン**、オバマ政権はシティグループの**ジェイコブ・ルー**、そしてトランプ政権もゴールドマン・サックスの**スティーヴ・ムニューシン**を選任した。アメリカの財政政策は、ウォール街に乗っ取られていたのである。

これに対して、バイデン大統領が財務長官に任命したのは、労働経済学者のジャネット・イエレンであった。他にも、ウォール街の権力に批判的な人物が、要職に付いている。例えば、民主社会主義者を自認するバーニー・サンダースは上院予算委員会の委員長に就任し、左派の**エリザベス・ウォーレン**は上院銀行委員会などに所属し、ウォーレンの盟友である**ゲーリー・ゲンスラー**は証券取引委員会の委員長になっている。

第三章で述べたように、金融階級の政治的支配を打破しなければ、金融化を是正することはできず、金融化を是正できなければ、長期停滞から脱出することはできない。しかし、バイデン政権は、その顔ぶれから察するに、金融階級の政治的支配を退けたようにもみえる。それゆえ、ロバート・スキデ

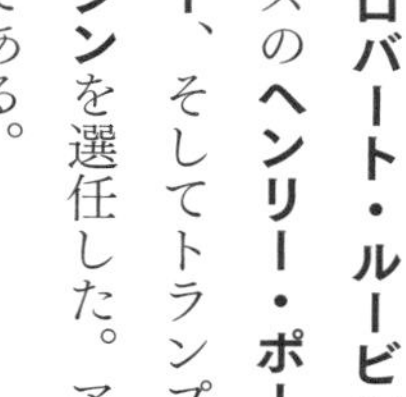

ロイター - アフロ

ロバート・ルービン

Robert Edward Rubin（１９３８〜）。アメリカの政治家、銀行家、財政家。ハーバード大学経済学部などを卒業後、法律事務所勤務を経て、ゴールドマン・サックスに入社、１９９０年に共同会長になる。クリントン政権で経済政策担当大統領補佐官に任命。その後、財務長官、国家経済会議委員長などを歴任。

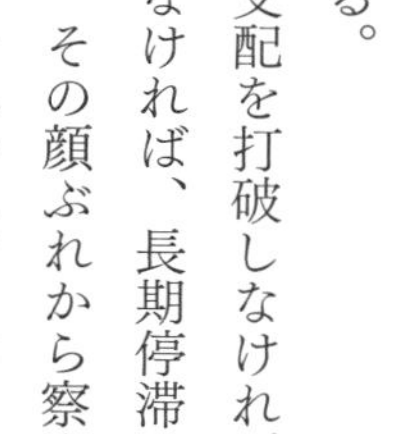

ロイター - アフロ

ヘンリー・ポールソン

ルスキーは、これを「経済政策の静かなる革命」と呼び、アダム・トゥーズは「民主的勝利」と称えたのだ。

しかし、この「経済政策の静かなる革命」を可能にしたのは、エリートたちの理性でも民主的な熟議でもなく、あるいは経済学者たちの政策提言でもない。中国のハイブリッド軍国主義という地政学的な脅威だったのである。

皮肉なことではあるが、これが、我々が生きている世界の残酷な現実である。

不透明な「未来」

とは言うものの、中国の脅威が、かつての世界大戦ほどのインパクトをもって、経済政策を変革し得るかどうかは、未だ不透明な面もある。なぜなら、かつての世界大戦が見えやすい総力戦だったのに対し、中国は、見えにくいハイブリッド戦を仕掛けているからだ。

また、現時点では、バイデン政権は中国との対決姿勢を維持してはいるものの、アメリカが突如、中国との宥和へと転換する可能性も否定できない。

Henry Merritt "Hank" Paulson（1946〜）。アメリカの政治家、実業家。ハーバード・ビジネス・スクールで経営学修士を取得後、国防総省に入省。ゴールドマン・サックスに入社し、1999年に会長兼最高経営責任者。ジョージ・W・ブッシュ政権で財務長官を務め、在任中にリーマン・ショックが起きた。

AP-アフロ

ジェイコブ・ルー
Jacob Joseph "Jack" Lew（1955〜）。アメリカの政治家。ハーバード大学などを卒業後、ワシントンD.C.で議会補佐官として政治経歴を開始。2006年にシティグループ投資選択部門の最高執行責任者に就任。オバマ政権下で財務長官を務めた。

アメリカには、冷戦期のニクソン・ショック（ニクソン大統領による突然の中国への接近）という前例もある。アメリカが中国を東アジアの地域覇権と認め、自身は西半球の地域覇権として、太平洋の西側と東側で、お互いに住み分けるという戦略を選択すれば、両国の融和は確かに可能なのである。

さらに言えば、中国国内の経済社会が、今度、どうなっていくのかという不確定要素もあり、これも予測を難しくしている。

第三章において論じたように、中国はこれまで「輸出主導重商主義」レジームを採用して成長してきたが、「輸出主導重商主義」レジームはもはや持続不可能であり、中国は内需主導へと切り替えを余儀なくされている。

しかし、内需主導あるいは賃金主導の経済システムは、格差を是正し、特権階級・支配階級の社会的パワーを弱め、労働者階級の社会的パワーを強めなければならない。果たして、そのようなことが、共産党一党支配体制の中国にできるのかと言えば、甚だ疑わしい。階級間のパワーの移動は、政治的な不安定を招くことになるからだ。だが、「輸出主導重商主義」レジームを転換しなければ、持続的な経済成長は望めないし、実際、近年の中国の経済

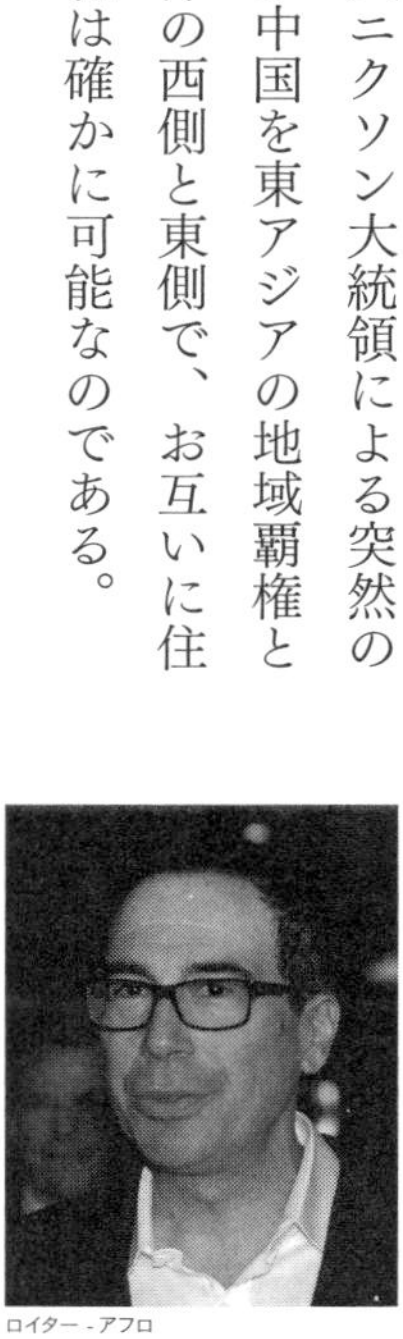
ロイター - アフロ

スティーヴ・ムニューシン
Steven Terner "Steve" Mnuchin（1962〜）。アメリカの政治家、銀行家。イェール大学を卒業後、ゴールドマン・サックスに就職。トランプ政権で財務長官となった。

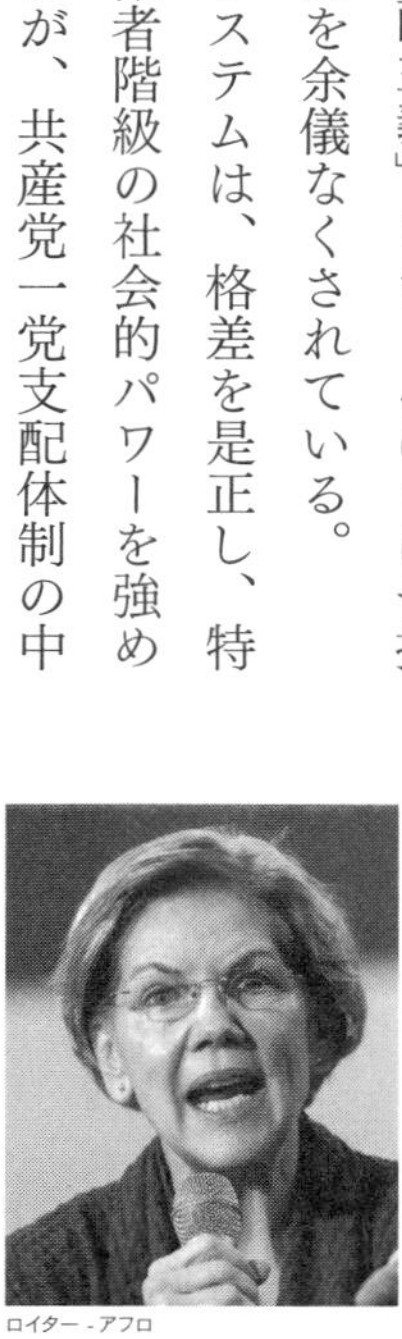
ロイター - アフロ

エリザベス・ウォーレン
Elizabeth Warren（1949〜）。アメリカの法学者、政治家。民主党。ヒューストン大学で言語聴覚学の理学士の資格を取得後、ラトガース大

成長は鈍化の傾向にある。

もっとも、中国の経済成長の鈍化が、地政学的にどのような意味を持つのかは、判断し難い。中国の経済力が相対的に低下すれば、アメリカやその同盟諸国は、それを経済的な脅威の後退とみなすかもしれない。

しかし、中国共産党政権は、経済成長が鈍化した場合、その体制の正統性の重点を経済成長からナショナリズムへと移すであろう。現に、**習近平**政権は、その方向へと舵を切っている。ナショナリズムの高揚は、対外的な攻撃性を強める可能性がある。その結果、中国は、アメリカや同盟諸国にとって、より強力な地政学的脅威となる。

中国の脅威が強まれば、「経済政策の静かなる革命」への圧力は強まるであろうが、脅威が弱まるならば、その圧力も弱まり、新自由主義が戻ってくる可能性が高まる。今後、いずれになるのか、それを見通すことは難しい。

「パンデミック」がもたらす革命

しかし、「経済政策の静かなる革命」には、中国の脅威に加えて、もう一

学法学部で法学博士となる。ハーバード・ロー・スクールなどで教鞭を取った。積極的な消費者保護論者で、消費者金融保護局の設立に貢献。オバマ大統領の大統領補佐官を務め、バイデン政権下では上院銀行委員会などに所属。

ロイター - アフロ

ゲーリー・ゲンスラー
Gary Gensler（1957〜）。ペンシルベニア大学ウォートンスクールを卒業。ゴールドマン・サックスでM&A助言業務などに従事するなど、金融業界の手の内を知り尽くしていると言われる。オバマ政権下で米商品先物取引委員会（CFTC）委員長を務め、リーマン・ショックの後始末に取り組んだ。バイデン政権下では、米証券取引委員会（SEC）委員長に就任した。

つの外的圧力が存在した。戦争にもなぞらえられた新型コロナウイルス感染症によるパンデミックである。

もっとも、このパンデミックが比較的短期に終息するものであるならば、その社会的インパクトも限定的なものとなる。パンデミックが終息して、かつての日常が戻ってくるならば、経済政策における「かつての日常」、すなわち新自由主義もまた、戻ってくるのかもしれない。

しかし、２０２１年7月30日、英政府の緊急時科学助言グループ（ＳＡＧＥ）が、新型コロナウイルスの変異種は今後も出現し続けるのであり、現在のワクチンが効かない新たな変異株が出現するのは「ほぼ確実」であるとする論文を公表した。[126]

もし、この論文が主張する通り、現在のワクチンが切り札とならないというのであれば、人類は、新型コロナウイルスに対する新たなワクチンや治療薬の開発を継続しなければならない。

それだけではなく、ワクチンや新薬が開発されるまでの間は、国民の行動を監視・管理あるいは制限し、場合によってはロックダウンのような強権的

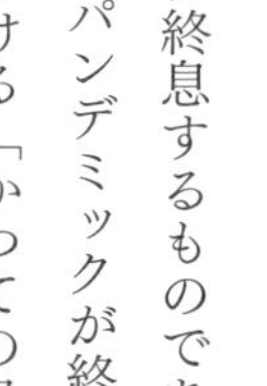

ロイター - アフロ

習近平
しゅう・きんぺい（１９５３〜）。中国の政治家。中国共産党中央委員会総書記、国家首席、国家中央軍事委員会主席。毛沢東の戦友だった父親が文化大革命で失脚し、習近平も生活環境の厳しい農村に7年にわたり「下放」された。１９７４年に共産党入党。清華大学卒業後、主に地方幹部としてキャリアを重ね、２００７年に中央政治局常務委員に大抜擢。反腐敗闘争を展開し、急速に権力基盤を固めていった。夫人は国民的歌手・彭麗媛。

な措置を発動せざるを得ない。そういう状況が、今後も数年にわたって続くのが、「ほぼ確実」ということになる。

この新型コロナウイルス感染症のパンデミックの下で、各国政府は、平時ではあり得ないような巨額の財政出動を行い、大規模な経済対策を講じた。そして、こうした巨額の財政出動は、新型コロナウイルス対策を「戦争」になぞらえることで正当化された。

拡大する「財政支出」

かつての世界大戦においても、軍事費の急増により、一時的に財政支出が拡張した。しかし、戦争が終結した後、軍事費は削減されるが、代わりに社会福祉費が増え、結果として、国家予算の規模が戦前の水準には戻らないという「置換効果」が観察された。

例えば、第一次世界大戦前の1913年、対GDP比の中央政府支出は、イギリスが7・0%、ドイツが6・0%、アメリカに至ってはわずか1・9%であった。それが、1925年にはイギリスが15・4%、ドイツは10・2

%、アメリカは3・2%である。さらに第二次世界大戦後の1950年にはイギリスが26・9%、ドイツは17・3%、アメリカは13・4%となっている。[127]

さて、新型コロナウイルス対策は、戦争と同じようなものだとみなされた。だとすると、「置換効果」もまた、戦争と同様に発揮される可能性がある。すなわち、新型コロナウイルス対策として拡張された政府支出は、パンデミックが終息したとしても、その発生前の水準には戻らないかもしれないということだ。

IMFによると、各国の新型コロナウイルス対策の対GDP比の財政支出の規模は、2021年7月時点で、フランスが9・6%、ドイツが13・6%、イギリスが16・2%、日本が16・5%、アメリカに至っては25・4%にまで達している。[128]

このように、新型コロナウイルス対策の対GDP比の規模は、仏独英日米の順で低いのだが、興味深いのは、平時(2018年)における対GDP比の一般政府歳出については、この順番が逆であることである。

具体的には、アメリカと日本が37・9%と低いのに対し、イギリスは40・

9％、ドイツは44・5％、フランスは56・0％である。すなわち、フランスのような「大きな政府」の国よりも、日米のような「小さな政府」の国の方が、より大きな新型コロナウイルス対策を講じたのだ。

さて、大雑把な計算ではあるが、仮に、これらの国々における平時の一般政府歳出と新型コロナウイルス対策の対GDP比率を単純に合計すると、いずれの国においても、対GDP比の一般政府歳出は6割前後となり、平時のフランス（56・0％）を下回る国はなくなる。そして、もし「置換効果」が働くとするならば、パンデミックの終息後も、政府支出は2019年までの水準には戻らないということになろう。

しかも、もしSAGEの論文が警告した通り、新型コロナウイルス感染症は容易には克服できないというならば、各国は、今後も、ワクチンや新薬の開発あるいは医療体制の整備などに巨額の予算を投じていかざるを得ないであろう。

また、パンデミックによって打撃を受けた経済を再建するための財政出動も、引き続き必要になる。

特に、パンデミックは、低所得者が従事する割合の高い対人サービスに打撃を与える一方で、テレワークやEコマースの普及拡大がデジタル関連企業の株価を上昇させ、富裕層にさらなる利益をもたらしたので、格差の拡大を助長することとなった。こうしたことから、今後、低所得者に対する再分配政策もまた、より強く求められるであろう。

シュンペーターの表現を借りて言うならば、新型コロナウイルスのパンデミックによって、資本主義は「酸素吸入器」なしでは生きられなくなったのだが、パンデミックが今後も起きる可能性が高いのであるならば、今後、資本主義から「酸素吸入器」を外せなくなるというわけだ。

「社会主義」への変異

以上から考えられることは、もし、パンデミックが長期化するならば、各国の資本主義経済は、かつてない「大きな政府」を有したものへと変異するだろうということだ。いや、対GDPの政府支出が6割以上ともなれば、これはもはや「資本主義」というよりは「社会主義」と言った方がよいかもしれない。

なお、ここで言う「社会主義」とは、シュンペーターによる用語の使い方にならったもの、すなわち、公的な経済運営や経済計画の役割が相対的に大きい経済システムといった程度の意味である。

したがって、かつてのソヴィエト連邦のような全般的な計画経済や私有財産制度の廃止といった特定の社会主義体制を指しているわけではない。いずれの経済システムも、純粋な資本主義と純粋な社会主義のいずれかにあるのである。したがって、対GDP比の政府支出の割合が民間支出を上回るようであれば、その経済システムは、より「社会主義」化の方へ変異していると言ってよいということだ。その意味では、例えばフランスの経済システムは、すでに「社会主義」化が進んだ資本主義の変異体である。


パンデミックが人口動態に及ぼす影響もまた、「社会主義」化という変異を助長するように思われる。

パンデミックは将来不安をもたらし、出生数を低下させる。実際、2020年12月から2021年1月、多くの国で出生数が10～20%ほど落ち込んだ。[129]

先進国はすでに少子化に悩んできたが、もしパンデミックが今後数年間続くなら、少子化はさらに進む。だとすると、労働力不足はいっそう深刻な問題として長期化するだろう。

これまでは外国人労働者の受け入れが労働力不足の解決策として主張されてきた。

しかし、パンデミックが続いている限りは、外国人の受け入れには期待できない。仮に、現在の新型コロナウイルスは克服できても、変異株が出現する恐れがある限り、外国人の受け入れには積極的にはなりにくい。

しかも、先に述べたように、格差が拡大し、低所得者がより打撃を受けたのであれば、低所得者と競合する労働力である外国人労働者の受け入れは、政治的にはより容認しにくくなるだろう。

さらに言えば、今回のパンデミックの苦い経験により、国境管理や外国人労働者の管理をより強化すべきだという議論の方がむしろ有力になっていくであろう。

外国人労働者の受け入れには期待できないとなると、労働力不足の問題は容易には解決されないだろう。

しかし、労働力不足が慢性化するということは、労働者の交渉力が高まり、賃金上昇の圧力が強まるということを意味する。労働者の地位が向上し、その社会的なパワーが強まれば、社会福祉政策への政治的な要求も強まるだろう。こうして、社会主義化が進むのである。

以上のような理由から、パンデミックの長期化は、資本主義が社会主義化へと変異する契機となるものと考えられる。過去30~40年間にわたる金融資本主義の下で、先進諸国の国内社会の格差は拡大し、実質賃金は抑圧されてきたが、皮肉なことに、疫病がそれを是正するだろうということだ。

メディカル・ナショナリズム

しかし、国際社会に目を転ずれば、国家間の格差は、パンデミックによってむしろ拡大し、国家間の対立も深まっていく可能性がある。

まず、各国のワクチンや治療薬の開発競争は激化し、自国民を優先的に救済するためにワクチンなどの確保に走る「メディカル・ナショナリズム」がいっそう強まることが予想される。

そもそも、公衆衛生政策の起源は、戦争にあった。

20世紀の戦争においては、徴兵や軍需工場への労働者の動員が行われるため、兵士や工場労働者となる国民が任務の遂行に十分なほど壮健であることが重要になる。

そこで、政府は、戦時下において、兵士や工場労働者に医療や保健サービスを提供するようになった。それが戦後、全国民を対象とした医療・保健サービスへと発展したのである。

例えば、イギリスは、第一次世界大戦中に、軍需省の中に福祉健康局を設けたが、それが1919年の健康省の創設につながった。[130] また、日本の厚生省も、日中戦争の最中の1938年に創設されている。[131] 公衆衛生政策というものは、その戦争という起源からして、ナショナリスティックな性格を強く帯びているものなのだ。

このメディカル・ナショナリズムの発現は、国家体制が権威主義であるか民主主義であるかを問わない。むしろ、民主国家の方が、メディカル・ナショナリズムはより強いとすら言える。国民による国民のための政治であれば、国民の生命を守ることを最優先にすることは当然だからである。

また、ワクチンや治療薬の開発に成功した国は、他国への供給という外交上の大きな「武器」を手にして、国際政治において優位に立つ。いや、ワクチンや治療薬は生命を左右するものであるのだから、「武器」というのも単なる比喩以上の意味がある。ワクチン開発競争は、新兵器の開発競争のようなものなのだ。実際、アメリカのモデルナ社は、国防総省の高等研究計画局(DARPA)から26億円以上の補助金を得ていたのである。

「覇権」の交代

ただし、武力衝突は、パンデミックによって起こりにくくなっているかもしれない。各国ともに国内のパンデミック対策に忙殺されて、国境付近の問題への関心が低下している上、兵士が感染するリスクもあるからである。

しかし、もし、対立する国家のうち、一方が先にワクチン開発に成功し、自国内のパンデミックを収束させるという「非対称性」が生じたら、両国のパワー・バランスが崩れて、戦争のリスクが高まることになろう。

例えば、もし、中国が先んじてパンデミックを収束させる一方で、アメリカや日本が未だ感染爆発の中で混乱状態にあるという「非対称性」が生じたとしたら、この非対称性は、中国にとって、台湾や尖閣諸島を侵略する絶好の機会となる。

ハイブリッド戦もまた、パンデミックによって活発となるだろう。

パンデミックは社会の分断を深め、国民の不安や政治不信を助長する。すでに、SNSなどを通じて、ウイルスやワクチンに関する虚偽情報や陰謀論が蔓延している。このように不安定化した国内社会は、シャープ・パワーによる攻撃に対しては極めて脆弱になるから、ハイブリッド戦が奏功しやすくなるのである。

こうしたことから、先にパンデミックを克服した国家は、そうでない国家に対して、地政学的に圧倒的な優位に立つこととなる。仮に、中国がウイルスとの戦争に勝利し、アメリカが敗北した場合には、アジアにおける地域覇権の交代が決定的になるであろう。ウイルスとの戦争が、期せずして、覇権戦争となるのである。

ウイルスとの戦争が、地政学的な変動を引き起こす。

だとするならば、ウイルスとの「戦争」は、言葉の本来の意味における「戦争」に等しいと言える。つまり、パンデミック下の現在は、戦時中であるということだ。戦時中における経済体制とは、「戦時統制経済」、すなわち社会主義化した経済である。

日本の選択肢

新型コロナウイルスのパンデミックと、中国のハイブリッド軍国主義の台頭。

この二つがもたらす構造的な変化によって、世界は、社会主義化——政府の経済社会への関与の強化と積極財政——へと変異を遂げていくだろう。バイデン政権の「経済政策の静かなる革命」は、その変異の予兆にほかならない。これが、本書の主張である。

「社会主義」という用語が招く誤解を避けるために付言しておくと、本書は、イデオロギー上の理由から、社会主義を支持しているのではない。すなわち、世界の構造変化を踏まえて理論的に考察した結果、各国が社会主義化へと向かう蓋然性が高いと予測したに過ぎないのであって、この世界の構造変化がなくとも、社会主義が理想的であると考えているわけではない。何度も繰り返すが、本書は、「社会主義」という用語を、あくまでシュンペーター的な意味において使っている。

もちろん、我々は、社会主義化への変異を拒否することもできる。

実際、アメリカでは、バイデン政権の経済政策は「大きな政府」や「社会主義」を忌避する保守系勢力の強い抵抗にあっており、「経済政策の静かなる革命」が途中で頓挫する可能性は否定できない。

日本政府もまた、現在までのところ、ロックダウンのような強権的な措置は我が国には馴染まないという立場をとっており、国家財政についても依然としてプライマリー・バランス黒字化目標を堅持するなど、社会主義化への変異を頑なに拒んでいる。

「統治能力」を高めるか、「衰退」するか

社会主義化への変異は、歴史の必然などではなく、あくまで政治的な意志に基づく選択の問題である。したがって、社会主義化を選択しないということも可能ではある。

だが、それによって、今後、自国の安全と繁栄を確保できるかどうかは、また別問題であるということは指摘しておかなければならない。

例えば、防衛費を抑制し、経済安全保障上の管理を避けながら、中国のハイブリッド軍国主義という地政学的脅威に対抗し、自国の領土と国家主権を守り切れるのであろうか。

あるいは、「小さな政府」を目指しつつ、パンデミックが長期化ないしは

頻発し続けるかもしれない世界の中で、ワクチンや治療薬の開発のための巨額の投資を行い、医療体制を充実させる方法など、あるのであろうか。

また、ワクチンが効かない変異株が蔓延した場合、強制的なロックダウンをしないでも、感染拡大を防いで医療崩壊を阻止できるのであろうか。

そして、積極財政を忌避し、これまでの新自由主義的な路線を維持したまま、長期停滞を脱却し、所得格差を是正することなど、できるのであろうか。

本書の議論が正しければ、いずれの答えも「否」である。

もちろん、社会主義化を成功させるためには、国家が高度な統治能力を有していることが必要である。

そして、そのような統治能力は我が国にはないという批判もあり得る。その批判は、率直に言って、正当なものだ。

なぜなら、我が国は、過去30年にもわたって、自らすすんで統治能力を弱体化させてきたのだから。

すなわち、新自由主義にのっとって「小さな政府」を目指し、「官主導から民主導へ」などというスローガンの下、数々の政治改革や行政改革、あるいは規制緩和や自由化などを行い、統治能力を破壊してきた。それも、政府の統治能力を破壊することこそ、我が国に必要な改革であると信じたからである。

その改革は、ものの見事に功を奏したと言ってよい。

おかげで、今日、我が国の政治家や行政官たちは、中長期的な視野に立った経済計画はおろか、積極財政や産業政策すら、ほとんど経験したことがない者たちで構成されるようになっている。

その統治能力の低下たるや甚だしいもので、長期停滞から抜け出すすべも知らなければ、この10年間の資本主義の変異にすら気付かないほどなのだ。それどころか、この期に及んでもなお、統治能力の弱体化こそが改革だと信じている者もいるのである。

そんな我が国の政治や行政に、今さら社会主義化に必要な高度な統治能力を求めても無駄である。そう言われれば、反論のしようもない。

だが、もし、そうだとしたら、どうすべきなのであろうか。

答えは、単純である。

我が国は、その統治能力を高めるしかない。

さもなくば、これまで通り、自滅の一途をたどるのみ、それだけのことである。

あとがき

シュンペーターと同じくオーストリア出身の経済学者で、シュタインドルの友人でもあるクート・ロスチャイルドは、社会科学は多元的であるべきだと述べている。「経済学や社会科学一般におけるパラダイムが多元的であるというのは、明白な事実だというだけではなく、極めて複雑で変化し続ける課題を扱う上で、必要かつ望ましい現象でもある。抽象的（そして抽象的でなければならないのだが）な一般理論は、相互依存的に連携し発展する全体性の中の、比較的狭く、極端に単純化された部分のみ扱っているに過ぎない。[132]」

本書もまた、「変異する資本主義」という「極めて複雑で変化し続ける課題」を扱うにあたって、政治学や社会学にも開かれたポスト・ケインズ派の経済理論を基礎にしつつ、国際政治経済学や地政学の知見をも導入した多元的なアプローチを採用した。

とりわけ重要なのは、政治学であろう。資本主義の変異には経済政策が大きく影響しているのであり、そして経済政策を動かしているのは、政治だからである。本書において、「政治」が分析の中心になったのは、そのためである。

言うまでもなく、現実世界の複雑さの前には、本書の多元的なアプローチでも、なお不十分である。資本主義が変異する仕組みを解明し、社会をより望ましい方向へと向かわせるためには、さらに多種多様な社会科学の知見、現実の注意深い観察、そして豊富な実践経験が必要になるであろう。

その一方で、現実世界の複雑さを知るほどに、無力感に襲われることになるかもしれない。本書の分析だけでも、我々の命運が我々の与り知らぬ力によって翻弄されていることが痛感されるであろう。

国民は、国政選挙のたびに、国のあり方を決定する主権者などとおだてられるが、実際の国のあり方は、国内政治の利害関係や国際政治のパワー・バランスに制約されているのであり、経済成長ひとつとっても、主権者の思い通りになどならないのである。

そういう厳しい現実と対峙し、「極めて複雑で変化し続ける課題」を対象とする多元的アプローチからは、世間が求めるような、万能の処方箋、抜本的な改革案、明るい未来を約束する政策提言などは、およそ期待できないであろう。本書の読者の中には、そのことを不満に思う者もいるかもしれない。

しかし、この現実の複雑さから目を背けて、安易な解決策にすがったところで、一時的に爽快感が得られるだけであって、この残酷な世界から逃れられるわけではない。性急に処方箋を求める前に、まずは、現実を知ろうとすることが必要である。その現実が、どれほど不愉快なものであっても、である。

知は力なり。

この古い格言は、本書のモットーでもある。

2021年9月

中野剛志

事項索引

[A～Z]

[あ行]

[か行]

［さ行］

［た行］

［な行］

［は行］

[ま行]

[や行]

[ら行]

[わ行]

人名索引

[あ行]

[か行]

[さ行]

[た行]

[な行]

[は行]

［ま行］

［や行］

［ら行］

［わ行］

注

序

1 Joseph A. Schumpeter, 'Capitalism in the Postwar World,' in Richard V. Clemence (ed.), Essays on Entrepreneurs, Innovations, Business Cycles, and the Evolution of Capitalism, New Brunswick: Transaction Publishers, 1997.
2 Schumpeter(1997: 185).

第一章　静かなる革命

3 'Broad Public Support for Coronavirus Aid Package; Just a Third Say It Spends Too Much' Pew Research Center, March 9, 2021, https://www.pewresear ch.org/politics/2021/03/09/broad-public-support-for-coronavirus-aid-package-just-a-third-say-it-spends-too-much/
4 Noah Smith, 'Bidenomics, explained' April 4, 2021, https://noahpinion.substack.com/p/bidenomics-explained
5 Benjamin Wallace-Wells, 'Larry Summers Versus the Stimulus' The New Yoker, March 18, 2021, https://www.newyorker.com/news/annals-of-populism/larry-summers-versus-the-stimulus
6 James K. Galbraith, 'Biden's Grand Opening' Project Syndicate, Jan 27, 2021, https://www.project-syndicate.org/commentary/biden-american-rescue-package-by-james-k-galbraith-2021-01?barrier=accesspaylog
7 Robert Skidelsky, 'The Silent Revolution in Economic Policy' Project Syndicate, Feb 16, 2021, https://www.project-syndicate.org/commentary/covid19-economic-recovery-plans-fiscal-policy-by-robert-skidelsky-2021-02?barrier=accesspaylog
8 Adam Tooze, 'Biden's Stimulus Is the Dawn of a New Economic Era' Foreign Policy, March 5, 2021, https://foreignpolicy.com/2021/03/05/bidens-stimulus-is-the-dawn-of-a-new-economic-era/
9 「米、財政支援止めれば破綻や失業リスクも＝ＩＭＦ専務理事」ロイター、2021年2月6日、https://jp.reuters.com/article/usa-economy-imf-idJPKBN2A52ON
10 「ＩＭＦ『各国は最大限の支出を』、成長に向け財政拡大要請」ロイタ

一、2021年1月16日、https://jp.reuters.com/article/russia-imf-idJPKBN29K26I

11 Lawrence H. Summers, 'The Biden stimulus is admirably ambitious. But it brings some big risks, too.', The Washington Post, Feb 4, 2021, https://www.washingtonpost.com/opinions/2021/02/04/larry-summers-biden-covid-stimulus/

12 Paul Krugman, 'Fighting Covid Is Like Fighting a War' The New York Times, Feb 7, 2021, https://www.nytimes.com/2021/02/07/opinion/covid-biden-economy-stimulus.html

13 Lawrence H. Summers, 'My column on the stimulus sparked a lot of questions. Here are my answers.', The Washington Post, Feb 7,2021, https://www.washingtonpost.com/opinions/2021/02/07/my-column-stimulus-sparked-lot-questions-here-are-my-answers/

14 Christopher Condon,「サマーズ氏、バイデン氏のインフラ投資強く支持－『至極正しい方向』」ブルームバーグ、2021年4月1日、https://www.bloomberg.co.jp/news/articles/2021-04-01/QQUTRCDWLU6V01

15 Janet L. Yellen, 'Macroeconomic Research After the Crisis,' 60th Annual Economic Conference, Boston, Massachusetts, October 14, 2016

16 Ben S. Bernanke and Janet L. Yellen, 'Former Fed Chairs Bernanke and Yellen testified on COVID-19 and response to economic crisis', Brookings, July 17, 2020, https://www.brookings.edu/blog/up-front/2020/07/17/former-fed-chairs-bernanke-and-yellen-testified-on-covid-19-and-response-to-economic-crisis/

17 Olivier Blanchard, 'Public Debt and Low Interest Rates'Peterson Institute For International Economics, Feb 2019, https://www.piie.com/publications/working-papers/public-debt-and-low-interest-rates

18 Jason Furman, 'Options to Close the Long-run Fiscal Gap' Jan 31, 2007, https://www.brookings.edu/wp-content/uploads/2016/06/furman20070131S-1.pdf

19 Jason Furman, 'The New View of Fiscal Policy and Its Application' Oct 5, 2016, https://obamawhitehouse.archives.gov/sites/default/files/page/files/20161005_furman_suerf_fiscal_policy_cea.pdf

20 オリヴィエ・ブランシャール、田代毅、「日本の財政政策の選択肢」Peterson Institute For International Economics, 2019年5月、https://www.piie.com/system/files/documents/pb19-7japanese.pdf

21 Thomas S. Kuhn, *The Structure of Scientific Revolutions*, fourth edition, The University of Chicago Press, 2012.

第二章　「長期停滞」論争

22　Lawrence Summers, 'IMF 14th Annual Research Conference in Honor of Stanley Fischer,' November 8, 2013.

23　Lawrence Summers, 'Demand Side Secular Stagnation,' *American Economic Review,* 105(5), 2015:60-65.

24　Robert J. Gordon, 'Secular Stagnation: A Supply-Side View,' *American Economic Review,* 105(5), 2015: 54-59.

25　Gordon (2015: 58)

26　Summers (2015: 63)

27　Lawrence Summers, 'Crises in Economic Thought, Secular Stagnation, and Future Economic Research,' *NBER Macroeconomics Annual 2016,*2017:557-577.

28　Summers (2017)

29　「ポスト・ケインズ派」の経済理論の概説については、例えば、以下を参照。

マルク・ラヴォア『ポストケインズ派経済学入門』、ナカニシヤ出版、2008 年。

鍋島直樹『ポスト・ケインズ派経済学：マクロ経済学の革新を求めて』、名古屋大学出版会、2017 年。

J.E.King, *Advanced Introduction to Post Keynesian Economics,* Cheltenharn: Edward Elgar, 2015.

30　デヴィッド・グレーバー『負債論─貨幣と暴力の 5000 年』以文社､2016 年、第二章。

31　John Smithin, Rethinking the Theory of Money Credit, and Macroeconomics: A New Statement for the Twenty-First Century, Lanham: Lexington Books, 2018: 86-7.

32　Michael McLeay, Amar Radia and Ryland Thomas of the Bank's Monetary Analysis Directorate, 'Money Creation in the Modern Economy,' *Quarterly Bulletin* 2014 Q1.

33　全国銀行協会企画部金融調査室編『図説　わが国の銀行（10 訂版）』財経詳報社、2017 年、20.

34　内藤敦之「貨幣的循環理論と流動性選好」、経済理論 , 41(3), 2004.

35　マルク・ラヴォア『ポストケインズ派経済学入門』、ナカニシヤ出版、2008 年、80-3.

36　Barry Eichengreen, 'Secular Stagnation: The Long View,' *American Economic Review,* 105(5), 2015: 66-70.

37　建部正義「国債問題と内生的貨幣供給理論」、商学論纂 ,5(3),2014, 599.
38　「SDG グローバル指標 (SDG Indicators)」、外務省、https://www.mofa.go.jp/mofaj/gaiko/oda/sdgs/statistics/goal17.html
39　もっとも、厳密に言えば、自国通貨建て政府債務であっても、政治的な要因によって返済できなくなることはあり得る。例えば、アメリカは、政府債務の上限が設定されており、その引き上げには議会の承認が必要であるが、万一、議会の承認がなされなかった場合は、米国債のデフォルトが起きうる。
40　「バーゼルⅢの最終化について」金融庁／日本銀行、2018 年 2 月、https://www.fsa.go.jp/inter/bis/20171208-1/02.pdf 13.
41　Abba P. Lerner, 'Functional Finance and the Federal Debt,' in David C. Colander (ed.), *Selected Economic Writings of Abba P. Lerner,* New York University Press, 1983.

第三章　自滅する「資本主義」

42　J. Bradford Delong and Lawrence Summers, 'Fiscal Policy in a Depressed Economy,' *Brookings Papers on Economic Activity,* Spring, 2012: 233-297.
43　例えば、積極財政により総需要が拡大すると、民間の設備投資や研究開発投資が増えて供給力が拡大する。また、財政の支出先をインフラや研究開発などに振り向ければ、供給力はさらに強化される。こうして、総需要の拡大は、直接的に潜在成長率を高める。積極財政による需要創出は、短期の景気回復のみならず、長期の経済成長にも効果的だということである。ただし、この点については、第一章で述べたように、イエレンやサマーズなど、主流派経済学者も認めつつあるように思われる。
44　Joseph Steindl, *Maturity and Stagnation in American Capitalism, with a New Introduction,* New York: Monthly Review Press, 1976.
45　Josef Steindl, 'Stagnation Theory and Stagnation Policy,' *Cambridge Journal of Economics,* 3(1), 1979: 1-14.
46　Michael Kalecki,'Political Aspects of Full Employment,' in Michael Kalecki, *Selected Essays on the Dynamics of the Capitalist Economy, 1933-1970,* Cambridge: Cambridge University Press, 1971:138-155; 鍋島直樹『ケインズとカレツキ：ポスト・ケインズ派経済学の源泉』、名古屋大学出版会、2001: Ch.10.
47　Steindl(1979: 8-9)
48　Greta K. Krippner, *Capitalizing on Crisis: The Political Origins of the Rise of Finance,* Harvard University Press, 2011.
49　William Lazonick and Jang-Sup Shin, *Predatory Value Extraction: How*

the Looting of the Business Corporation Became the U.S. Norm and How Sustainable Prosperity Can Be Restored, Oxford: Oxford University Press, 2020.

50　嶋野智仁「金融化が日本経済の資本蓄積に与える影響に関する実証分析－日本企業における『株主価値志向』浸透の観点から」、季刊経済理論、第 51 巻第 4 号、2015 年。

51　Paul Davidson, *The Keynesian Solution: The Path to Global Economic Prosperity,* New York: Palgrave Macmillan, 2009, Ch.7.

52　Engelbert Stockhammer, 'Why Have Wage Shares Fallen?: An Analysis of the Determinants of Functional Income Distribution,' in marc Lavoie and Engelbert Stockhammer, Wage-Led Growth: An Equitable Strategy for Economic Recovery, Houndmills: Palgrave MacMillan, 2013.

53　Eckhard Hein, 'Secular Stagnation or Stagnation Policy? Steindl after Summers,' *Levy Economics Institute Working Paper* No.846, 2015.

54　「裁量的で反循環的な財政政策」とは、政府が、不況時には需要を刺激するために財政支出を拡張し、逆に好況時には景気の過熱を避けるために財政支出を抑制するというケインズ主義的な財政運営のことである。

55　Hein (2015: 29-30)

56　Thomas I. Palley, 'The Natural Interest Rate Fallacy: Why Negative Interest Rate Policy May Worsen Keynesian Unemployment?,' *Investigación Económica,* 77(304), 2018: 7-39.

57　中野剛志『TPP 亡国論』、集英社新書、2011 年、第二章、第三章、第四章。

58　Matthew C. Klein and Michael Pettis, *Trade Wars are Class Wars: How Rising Inequality Distorts the Global Economy and Threatens International Peace,* Yale University Press, 2020.

59　Klein and Pettis (2020)

60　「Ｇ７カービスベイ首脳コミュニケ」https://www.mofa.go.jp/mofaj/files/100200083.pdf

第四章　21 世紀の富国強兵

61　Colin Crouch, *The Strange Non-Death of Neoliberalism* (Cambridge: Polity Press, 2011)

62　David Harvey, 'Neoliberalism as creative destruction', Geografiska Annaler Series B, *Human Geography,* 88:2 (2006), pp. 145-158; David Harvey, *A Brief History of Neoliberalism* (Oxford: Oxford University Press 2005).

63　中野剛志『富国と強兵：地政経済学序説』、東洋経済新報社、2016 年。

64 トマ・ピケティ『21世紀の資本』、みすず書房、2014年、285。
65 'President-elect Joe Biden's Thanksgiving address as prepared for delivery' CNN, Nov 25, 2020, READ: President-elect Joe Biden's Thanksgiving address as prepared for delivery - CNNPolitics
66 'Remarks by President Biden on the More Than 500,000 American Lives Lost to COVID-19' The White House, Feb 22, 2021, Remarks by President Biden on the More Than 500,000 American Lives Lost to COVID-19 | The White House
67 'Economic Policies for the COVID-19 War' IMFBlog, April 1, 2020, https://blogs.imf.org/2020/04/01/economic-policies-for-the-covid-19-war/
68 Paul Krugman,'Fighting Covid Is Like Fighting a War', *The New York Times,* Feb 7, 2021, Opinion | Fighting Covid Is Like Fighting a War - The New York Times (nytimes.com)
69 Stephanie Flanders and Lucy Meakin,'World Bank's Reinhart Says Win the Covid War First, Pay for It Later',*bloomberg,* Jan 1, 2021, https://www.bloomberg.com/news/articles/2021-01-28/world-bank-s-reinhart-says-win-the-covid-war-first-pay-or-it-later-podcast
70 'Remarks by President Biden on the American Jobs Plan'The White House, March 31, 2021, Remarks by President Biden on the American Jobs Plan | The White House
71 Jennifer Harris and Jake Sullivan,'America Needs a New Economic Philosophy. Foreign Policy Experts Can Help.', *Foreign Policy,* Feb 7, 2020, https://foreignpolicy.com/2020/02/07/america-needs-a-new-economic-philosophy-foreign-policy-experts-can-help/
72 Michael Mastanduno,'Economics and Security in Statecraft and Scholarship', *Cambridge University Press,* April 4, 2005, Economics and Security in Statecraft and Scholarship | International Organization | Cambridge Core
73 Takeshi Nakano,'War and strange non-death of neoliberalism: The military foundations of modern economic ideologies',*SAGE journals,* Dec 8, 2020, https://journals.sagepub.com/doi/abs/10.1177/0047117820978273
74 Takeshi Nakano, 'Theorising economic nationalism', *WileyOnlineLibrary,* june 30, 2004, https://onlinelibrary.wiley.com/doi/abs/10.1111/j.1354-5078.2004.00164.x
75 Robert D. Blackwill and Jennifer M. Harris, *War by Other Means: Geoeconomics and Statecraft,* Cambridge MA: The Belknap press of the Harvard University Press, 2016, 226-7.
76 Jared Bernstein,'The Time for America to Embrace Industrial Policy Has

Arrived', *Foreign Policy,* July 22, 2020, https://foreignpolicy.com/2020/07/22/industrial-policy-jobs-climate-change/

77 Elise Labott,'The Sullivan Model', *Foreign Policy,* April 9, 2021, https://foreignpolicy.com/2021/04/09/the-sullivan-model-jake-nsc-biden-adviser-middle-class/

78 'Making U.S. Foreign Policy Work Better For The Middle Class'Carnegie Endowment For International Peace, 2020, https://carnegieendowment.org/files/USFP_FinalReport_final1.pdf

第五章　覇権戦争

79 Christopher Layne, 'Kant or Cant: The Myth of the Democratic Peace,' *International Security,* 19 (2), 1994.

80 Peter Liberman, 'Trading with the Enemy: Security and Relative Economic Gains', *International Security,* 21(1), 1996.

81 マイケル・ピルズベリー『China 2049 秘密裏に遂行される「世界覇権100 年戦略」』、日経 BP 社、2015 年。

82 Robert Gilpin, *War and Change in World Politics,* Cambridge University Press, 1981.

83 John J. Mearsheimer, *The Tragedy of Great Power Politics, updated edition,* W.W.Norton & Company 2014.

84 John Mearsheimer,'The Rise of China Will Not Be Peaceful at All', *The Australian,* Nov 18, 2005, https://www.mearsheimer.com/wp-content/uploads/2019/06/The-Australian-November-18-2005.pdf

85 Toshi Yoshihara and James R. Holmes, *Red Star Over The Pacific: China's Rise and the Challenge to U.S. Maritime Strategy,* Annapolis: Naval Institute, 2010, 42.

86 Aaron L. Friedberg, *A Contest for Supremacy: China, America, and the Struggle for Mastery in Asia,* W.W.Norton & Company, 2011.

87 National Defense Strategy Commission,'Providing for the Common Defense', *United States Institute Of Peace,* Nov 13, 2018, https://www.usip.org/publications/2018/11/providing-common-defense

88 「『中国、6 年以内に台湾侵攻の恐れ』米インド太平洋軍司令官」、AFP、2021 年 3 月 10 日、https://www.afpbb.com/articles/-/3335866

89 「中国の台湾侵攻『多くの人が理解しているより切迫』米軍司令官」、AFP、2021 年 3 月 24 日、https://www.afpbb.com/articles/-/3338402

90 Graham Allison,'The Thucydides Trap--Are the U.S. and China Headed for War?', *The Atlantic,* Sep 24, 2015, https://www.hks.harvard.edu/sites/

default/files/centers/mrcbg/files/Allison%2C%202015.09.24%20The%20Atlantic%20-%20Thucydides%20Trap.pdf

91 'National Security Strategy', The White House, Feb 2015, https://obamawhitehouse.archives.gov/sites/default/files/docs/2015_national_security_strategy_2.pdf

92 Toshi Yoshihara, *Dragon against the Sun: Chinese views of Japanese Sea Power*, Center for Strategic and Budgetary Assesments, 2020.
https://csbaonline.org/research/publications/dragon-against-the-sun-chinese-views-of-japanese-seapower

93 James R. Holmes,'Rock Fight',*Foreign Policy*, Sep 28, 2012, https://foreignpolicy.com/2012/09/28/rock-fight/

94 David H. Autor, David Dorn, and Gordon H. Hanson, 'The China Shock, Learning from labor market adjustment to large changes in trade,' *American Review of Economics*, 8: 205-240, 2016.

95 「中国との競争『勝利』に自信　国務・国防長官候補が強硬姿勢—次期米政権」、時事ドットコムニュース、2021 年 01 月 20 日、https://www.jiji.com/jc/article?k=2021012000167&g=int

96 Jennifer Lind, 'Life In China's Asia: What Regional Hegemony Would Look Like,' *Foreign Affairs*, March/April 2018

97 Christopher Layne, 'The Sound of Distant Thunde3r: The Pre-World War I Anglo-German Rivalry as a Model for Sino-American Relations in the Early Twenty-First Century,' in Asle Toje (ed.), *Will China's Rise Be Peaceful?*, Oxford: Oxford University Press, 2018.

98 Mark Hannah and Caroline Gray, 'Indispensable No More?: How the American Public See the U.S. Foreign Policy,' *Eurasia Group Foundation*, November 2019.

99 John Mearsheimer and Stephen Walt, 'The Case for Offshore Balancing,' July/ August, *Foreign Affairs*, 2016.

第六章　ハイブリッド軍国主義

100 『令和 2 年版　防衛白書』、https://www.mod.go.jp/j/publication/wp/wp2020/html/n11001000.html

101 Frank G. Hoffman, 'Conflict in the 21st Century: The Rise of Hybrid Wars', *Potomac Institute for Policy Studies*, 2007.

102 James K. Wither, 'Making Sense of Hybrid Warfare', *Connections: The Quarterly Journal*, 15(2), 2016, 73-87.

103 Rod Thornton, 'The Changing Nature of Modern Warfare,' *The RUSI*

Journal, 160(4), 2015:40-8.

104 喬良・王湘穂『超限戦　21世紀の「新しい戦争」』、角川新書、2020年。

105 『令和元年版　防衛白書』、https://www.mod.go.jp/j/publication/wp/wp2019/html/n12202000.html
https://archive.defense.gov/pubs/pdfs/2011_CMPR_Final.pdf

106 Ross Babbage, *Stealing A March: Chinese Hybrid Warfare in the Indo-Pacific: Issues and Options for Allied Defense Planners, Vol.1,* Center for Strategic and Budgetary Assessments, 2019.

107 Alessio Patalano, 'A Gathering Storm? The Chinese "Attrition" Strategy for the Senkaku/Diaoyu Islands', *RUSI Newsbrief,* 21. August, 2020.

108 National Endowment for Democracy (NED), *Sharp Power: Rising Authoritarian Influence,* 2017.https://www.ned.org/wp-content/uploads/2017/12/Sharp-Power-Rising-Authoritarian-Influence-Full-Report.pdf

109 Joseph S. Nye, Jr., *Soft Power: The Means to Success in World Politics,* New York: Public Affairs, 2004.

110 Matt Schrader, *Friends and Enemies: A Framework for Understanding Chinese Political Interference in Democratic Countries,* the German Marshall Fund of the United States, 22 April 2020.

111 V-DEM, *Democracy Facing Global Challenges – V-DEM ANNUAL DEMOCRACY REPORT 2019,* University of Gothenburg, May, 2019.

112 Maiko Ichihara, 'Is Japan Immune from China's Media Influence Operations?', *The Diplomat,* December 19,2020.

113 NED (2017: 9)

114 Stefan Halper, *Beijing Consensus: How China's Authoritarian Model Will Dominate the Twenty-First Century,* New York: Basic Books, 2010.

115 エコノミック・ステイトクラフトに関する先駆的な研究は、デイヴィッド・ボールドウィンが1985年に著した『エコノミック・ステイトクラフト』である。同書は、昨今の国際環境の変化とエコノミック・ステイトクラフトに対する関心の高まりを背景にして、2020年に再版された。David A. Baldwin, *Economic Statecraft, new edition,* Princeton: Princeton University Press, 2020.

116 Michael Mastanduno, 'Economic Statecraft,' in Steve Smith (eds.), *Foreign Policy: Theories, Actors, Cases, 2nd edition,* Oxford: Oxford University Press, 2012, 204-5.

117 Mastanduno (2012: 205)

118 Robert A. Pape, 'Why Economic Sanctions Do Not Work', *International Security,* 22(2), 1997.

119 Jean-Marc F. Blanchard and Norrin M. Ripsman, 'A Political Theory of Economic Statecraft', *Foreign Policy Analysis*, 4, 2008.

120 Blackwill and Harris (2016, 21)

121 William J. Norris, *Chinese Economic Statecraft: Commercial, Actors, Grand Strategy, and State Control*, Cornell University Press, 2016.

122 Curtis J. Milhaupt and Wentong Zheng, 'Beyond Ownership: State Capitalism and the Chinese Firm', the Georgetown Law Journal, 2015.

123 Mark Wu, 'The "China, Inc." Challenge to Global Trade Governance,' *Harvard International Law Journal* ,2016

124 'Military and Security Developments Involving The People's Republic of China 2020', Office of The Secretary of Defense, https://media.defense.gov/2020/Sep/01/2002488689/-1/-1/1/2020-DOD-CHINA-MILITARY-POWER-REPORT-FINAL.PDF P18.

125 久野新「中国の経済制裁：その特徴と有効性」、日本国際フォーラム「米中覇権競争とインド太平洋地経学」研究会、2021年4月20日。

最終章　来るべき世界

126 「ワクチン効かない変異株の出現は『ほぼ確実』、英科学者が予測」、CNN、2021年8月2日、https://www.cnn.co.jp/world/35174670.html

127 佐藤成基『国家の社会学』、青弓社、2014年、209-210, 表7。

128 'Fiscal Monitor Database of Country Fiscal Measures in Response to the COVID-19 Pandemic', IMF, July 2021, https://www.imf.org/en/Topics/imf-and-covid19/Fiscal-Policies-Database-in-Response-to-COVID-19

129 『出生数が世界で急落　コロナで不安、日米欧1～2割減』、日本経済新聞、2021年4月9日、https://www.nikkei.com/article/DGXZQOUA07CYG0X00C21A4000000/

130 Bruce D. Porter, *War and the Rise of the State: The Military Foundations of Modern Politics*, New York: The Free Press, 1995, 181-3.

131 鍾家新『日本型福祉国家の形成と「十五年戦争」』、ミネルヴァ書房、1998年。

あとがき

132 Kurt W. Rothschild, 'To Push and Be Pushed', The American Economist, 43(1): 1999, p.5.

中野剛志（なかの・たけし）

1971年神奈川県生まれ。評論家。専門は政治経済思想。1996年、東京大学教養学部（国際関係論）卒業後、通商産業省（現・経済産業省）に入省。2000年よりエディンバラ大学大学院に留学し、政治思想を専攻。2001年に同大学院より優等修士号、2005年に博士号を取得。2003年、論文“Theorising Economic Nationalism”（Nations and Nationalism）でNations and Nationalism Prizeを受賞。主な著書に山本七平賞奨励賞を受賞した『日本思想史新論』（ちくま新書）、『TPP亡国論』『世界を戦争に導くグローバリズム』（集英社新書）、『富国と強兵』（東洋経済新報社）、『国力論』（以文社）、『国力とは何か』（講談社現代新書）、『保守とは何だろうか』（NHK出版新書）、『官僚の反逆』（幻冬社新書）、『目からウロコが落ちる奇跡の経済教室【基礎知識編】』『全国民が読んだら歴史が変わる奇跡の経済教室【戦略編】』（KKベストセラーズ）、『小林秀雄の政治学』（文春新書）など。

変異する資本主義

2021年11月16日　第1刷発行
2021年12月 6日　第2刷発行

［著　者］　中野剛志

［発行所］　ダイヤモンド社
〒150-8409 東京都渋谷区神宮前6-12-17
https://www.diamond.co.jp/
電話／03-5778-7233（編集）03-5778-7240（販売）

［装　丁］　奥定泰之

［製作進行］　ダイヤモンド・グラフィック社

［印　刷］　八光印刷（本文）・新藤慶昌堂（カバー）

［製　本］　加藤製本

［編集担当］　田中 泰

ISBN 978-4-478-11480-3

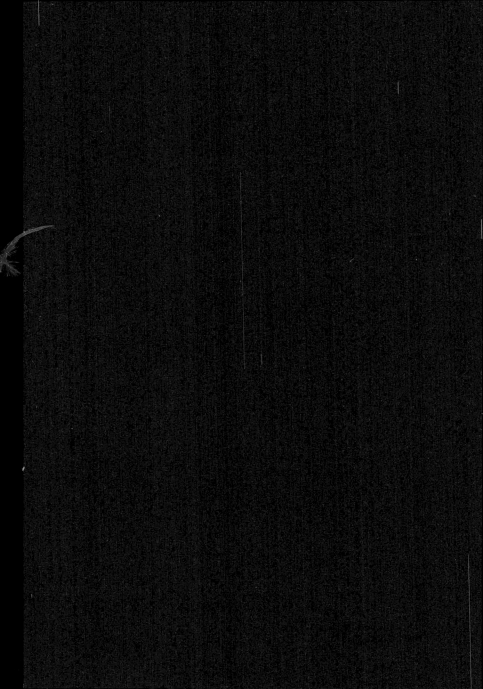